Martin Seel
Theorien

S. Fischer

Satz: Fotosatz Amann, Aichstetten
Druck und Bindung: CPI – Clausen & Bosse, Leck
Printed in Germany
ISBN 978-3-10-071010-9

1

»My name is John Ford«, soll der Filmregisseur im Oktober 1950 bei einer Sitzung der Directors Guild in Hollywood gesagt haben, als er seine Stimme gegen die Parteigänger des Senators McCarthy erhob, »I make westerns.« Mein Name ist M. S., ich mache Theorien.

2

Theorien sind Anschauungen. Ihre Zahl spottet jeder Zählung. Wer Theorien macht, führt eine Art Rosenkrieg mit der Wissenschaft. Deren Ergebnisse sind Fragmente einer Theorie, die niemals zustande kommt. Meine Sätze sind nichts als Bruchstücke, aber sie kommen zusammen.

3

Nur die wenigsten Anschauungen sind Theorien. Zu Theorien werden sie, wenn sich für sie eine Bestimmung findet – wenn aus ihnen Sätze werden, die sich sehen lassen können, weil in ihnen etwas Unbestimmtes schwingt.

4

Das Wort »Theorie« stand einmal für das Vermögen, in einem alles und alles in einem zu sehen. Wer jedoch das Eine nicht zu schauen vermag (und manches spricht dafür, dass niemand es kann), darf sich an vieles halten. So geschieht es hier: Dieses und jenes wird in den Blick genommen, mitsamt dem Blick, der es so oder anders nimmt. Es – die Welt, das Wissen von ihr und die Erwartung an sie – so oder anders nehmen: etwas anderes haben wir gar nicht zu tun.

5

Zu einem freien Leben gehört ein freier Blick; wer diesen nicht übt, wird jenes nicht führen, wer diesen nicht vorführt, wird zu jenem nicht verführen können.

6

Kontemplation verlangt Zerstreuung.

7

An manchen Abenden im Jahr quillt selbst aus den solidesten Quartieren der Stadt allerlei Gerümpel heraus – Lumpen, Alteisen, ramponierte Matratzen, Badewannen, Gartenschläuche, Kinderwagen, Spielzeug, Kübel, Schirme, Bildschirme, Bücher, Sessel, Teppiche, Tischchen, Tische, Kommoden, Regale, Reifen, Keyboards, Klaviere. Schon sind die Jäger und Sammler unterwegs, Kleinunternehmer mit ihren Pick-ups, Rentner auf dem Moped, Kinder per Fahrrad, Stadtnomaden und Flaneure, die sich mit Entsorgtem versorgen. Bis in die Morgenstunden rumort es in den Straßen, als wäre die öffentliche Ordnung in Gefahr. Ich verlasse mein Gebäude und schaue mich unter dem Sperrmüll um, auf der Suche nach Stücken, die zu keiner Einrichtung passen.

8

Vivir para contarla – Leben, um davon zu erzählen – überschreibt Gabriel García Márquez den ersten Band seiner Erinnerungen. Leben, um es zu betrachten, überschreibt die Philosophie ihre Bücher.

9

Die Stücke dieses Buchs bestehen aus einem Satz oder mehreren Sätzen. Meist sind sie kurz. Gespielt wird eine Art *minimal music*, die sich ständig selbst unterbricht; gezeigt werden *short cuts*, die sich zu keiner Geschichte verbinden.

10

Die einzelnen Teile sind nummeriert. Die Zahlen sind bloß Namen; sie haben nichts zu bedeuten. Sie fügen den Sätzen nichts hinzu, außer etwas Farbe.

11

Der Zufall tut seine Arbeit ohnehin, warum ihn also nicht für sich arbeiten lassen.
Was mir zufällt, nehme ich auf und wandle es ab, bis es mir gefällt.
Ich erfülle mir den Traum, zugleich Ordnung und Unordnung zu halten.

12

Sich nicht vom Gedanken zur Formulierung, sondern von der Formulierung zum Gedanken verleiten lassen – das ist der Trick.

13

Das Füllmaterial in philosophischen Büchern hat seinen guten Sinn. Wie die Holzwolle in Porzellankisten macht es den Raum zwischen den Buchdeckeln dicht. Nimmt man die Füllung weg, zerfällt das Service der Theorie in Splitter und Scherben, die alle nach ihrem Geschmack zusammensetzen können.

14

Dieses Buch ist ein Werk der Zerstörung. Es zerstört den Fluss der Reden, aus denen es stammt.
Dieses Buch vermeidet die Fehler von Büchern. Es kann an allen Ecken und Enden weitergeschrieben werden.
Dieses Buch verdirbt die Freude an Büchern. Es hat weder Anfang noch Ende.
Dieses Buch führt nirgendwohin. Es kennt keinen Gipfel, der erklommen, keinen Plan, der abgeschritten würde. Seine Landschaft ist eine Ebene, die sich hier wölbt und da senkt, weswegen sie von keinem Punkt aus überblickt werden kann.

15

Der Autor verlangt keine Zustimmung, er erbittet Unterwerfung. Der Leser gebe sich seinen Sätzen hin und gehe dann seiner Wege.

16

Ich lieferte einmal, mit 15 oder 16, eine Lateinarbeit ab, die nach Noten schlechteste, die ich je schrieb, über 20 Zeilen von Lukrez. Ein paar flüchtige Übersetzungsfehler am Anfang hatten mir freie Fahrt zu einem Text gegeben, der alles, nur keine Übersetzung war. Das ist meine Wissenschaft geblieben: mir einen Reim zu machen auf Sätze, die einen anderen haben.

17

Eigenen und fremden Texten das Blut aussaugen: der Vampirismus des Schreibens.

18

Don't care! Es gibt auch Gebote der Nachlässigkeit. Wer ein Buch schreibt, darf sich um andere Bücher nicht kümmern, am wenigsten um die eigenen. Werke entstehen aus Gleichgültigkeit gegenüber dem Werk.

19

Wie ein Hund, der nach einem ausgiebigen Bad sein dickes Fell schüttelt, muss der Schreibende alles abschütteln, was bei seinen Lektüren auf ihn eingeprasselt ist. Die spitzen Schreie der Umstehenden nimmt er mit dem Gleichmut eines seiner Natur gehorchenden Vierbeiners in Kauf.

20

Die reichsten Leser essen die Krumen vom Tisch der Schreibenden.

21

Gerade Linien ergeben keinen Text.

22

Das höchste Erkennen liegt im Erkennen der Einseitigkeit auch des höchsten Erkennens.

23

Wer seinen Stil gefunden hat, hat seinen Stil verloren.

24

Ansatzlos schreiben, wie ein Boxer, der ansatzlos schlägt.

25

Bevor du das einzig Wahre tust, tu lieber das Falsche – da bleiben dir noch Möglichkeiten offen.

26

Der Maler On Kawara unterzieht sich ein ums andere Mal der Übung, an unterschiedlichen Orten der Welt an jeweils einem Tag mit größter Sorgfalt ein Bild zu malen, das in einer anonymen Schrift bloß das Datum des betreffenden Tages zeigt. Diese Bilder beziehen sich auf nichts sonst und dadurch auf alles, was an diesem Tag wirklich und möglich war.

27

Wirklichkeit ist in Wirklichkeit Möglichkeit: eine sich ständig verändernde Konstellation von Gelegenheiten, die eintreten und ausbleiben, ergriffen und nicht ergriffen werden. Wer nur die eine Seite sieht, ist im wörtlichsten Sinn verrückt. Realität ist kein Faktum. Sie ist bestimmt und unbestimmt. Sie legt uns fest und bleibt uns offen.

28

Ein Kosmos findet sich überall. Nie konnte ich meinen Blick von den Rheinschiffen lösen, auf denen alles vorhanden war, geschäftige Handlanger und spielende Kinder, Frachträume und Vorratskammern, die hohe Kommandobrücke, eine niedrige Wohnung mit

Gardinen und Geranien, Fahrräder und manchmal ein kleines Auto für den Landgang, getragen von einer stetigen Bewegung inmitten einer fließenden Bewegung.

29

Eine Woche nach Ostern finde ich in einem Schrebergarten lauter CD-Rohlinge an den Obstbäumen hängen, die sich glänzend und glitzernd im Lufthauch drehen, zur Abwehr der Krähen, die sich über dieses Windspiel lauthals beklagen.

30

Inmitten des Lebens am Rand des Lebens zu stehen – im leeren Abteil eines vollen Zuges, im Hinterzimmer einer von Kindern durchtobten Wohnung, übrig geblieben am Ende eines Fests, unterwegs im Lärm der Stadt: das ist die Stellung des höchsten Glücks wie des höchsten Unglücks. Deswegen ist dieses Glück das äußerste, weil es in der Position der Verzweiflung steht und doch ihr Gegenteil ist, deswegen ist diese Verzweiflung die äußerste, weil sie die Position des Glücks innehat, ohne es zu haben.

31

Nur etwas Aufschub – darauf dürfen die Glücklichen wie die Unglücklichen hoffen.

32

Was wir haben kommen sehen, war alles nur halb so schlimm und halb so schön. Glück und Unglück kommen als Überraschung.

33

Soeben Vater geworden, beugt er sich staunend über den Sohn, der staunend das Schweigen einer noch leeren Welt vernimmt. Er spürt ein Befremden, das er kennt; er kennt es von der anderen Seite her – jenes ungläubige Wohlwollen, das ihn rasend gemacht hat, früher, als es dem Tun und Lassen des halberwachsenen Kindes galt, das er einmal war. Jetzt liegt es in seinem Blick. Sein erstes Vatergefühl ist das für den Blick seines Vaters auf ihn.

34

Der Kleine blättert mit Hingabe in einem Buch mit Fotografien vom Mond, das diesen in allen Weltgegenden erscheinend zeigt, mal groß, mal klein, mal hinter Wolken. Er lernt, ihn am Himmel zu betrachten, zu erwarten, zu vermissen, mal groß, mal klein, mal »hinter Wolken«. Die Wendung wird ihm zum Ausdruck für alles, was abwesend, dem Sehen und Sehnen entzogen ist. Was weder sichtbar ist noch sonst erreichbar – Gestirne, Flugzeuge, Mama –, ist »hinter Wolken«. Alles, was nicht da ist, ist da da.

35

Die Ontologie dieses Kindes ist weder eine des Bleibens noch eine des Werdens, sondern eine des Kommens. Alles, was ist, kommt, und alles, was kommt, kommt auch wieder. Die Kirmes, seine Sitterinnen, der Mond, die Spatzen: Alles »tommt wieder« und ist dann immer neu da. Wiederkommen – darin beweist sich ihm alles Verschwindende als etwas, das wahrhaft ist.

36

Der Zweijährige, im Wald vor sich hin laufend, zwei Kapuzen über den Ohren, um ihn herum nur Regen und Rauschen, für ihn gegenwärtig nur das Patschen seiner Füße in den Pfützen, weiß seine Eltern hinter sich, ohne den geringsten Zweifel, einfach weil es immer so war. Wie schwach die starken Evidenzen sind, wie stark die schwachen.

37

Das Bild, die Farben, die Hand, das Gesicht: Durch die Tür nach draußen ist davon nichts zu sehen. Nur zwei Füße, die sich baumelnd in einer Bewegung halten, die keiner Bewegung dient und so dem Malen den nötigen Anschwung gibt.

38

Die steinalte Frau, fast ohne Gedächtnis, in einer Art natürlichem Christentum großgeworden, kann mit ihren Nachkommen, die sie versorgen, in der Sprache ihres Glaubens nicht sprechen; zweifelhaft auch, ob dieser Trost hier trösten oder wenigstens beruhigen könnte. Wer bist du; Warum hast du mich verlassen; Wo bin ich her; Wo kann ich bleiben. Woher und Wohin, allein diese Fragen beschäftigen sie noch, und fast jede Antwort kommentiert sie, die ihr Leben lang Dialekt gesprochen hat, mit einem langsamen, hochdeutschen, staunenden: Das kann ich nicht verstehen. Die Angehörigen fassen dies alles in der einfachsten Bedeutung auf, als gehe es um Fragen der raumzeitlichen Identität, auf die es gottlob eine Antwort gibt. Alle wissen aber, dass mehr gemeint ist mit den Fragen, und wissen, wovon sie schweigen, wenn sie sagen, was sie sagen. So reden sie von Orten, Kindern, Häusern, Entfernungen, Enkeln und führen einen religiösen Diskurs. In der einfachen Rede von den einfachen Dingen vermeiden sie jeden falschen Ton. Sie sprechen nur von diesem Zimmer und davon, wie es dazu kommen konnte, dass wir, die alte Frau und ich, heute hier zusammen sind. Alles hat seine Richtigkeit. Die Erinnerung an das Bekannte lässt alles Unbekannte sein.

39

Kinder machen ihre Eltern älter – sie machen ihre Zeit schon früh so kostbar, wie sie es anderen erst später wird.

40

Kinder haben die Aufgabe, ihre Eltern zu enttäuschen. Manche tun sich schwer damit, manche scheitern daran, manche merken gar nicht, wie leicht es ihnen fällt.

41

Erst im Alter gelingt es den Eltern, den Kindern ihre, der Kinder, Schwächen zu zeigen – sie arbeiten sie an sich selbst heraus.

42

Schon früh am Morgen ist in diesen Räumen ein Mann mit einer Plastiktüte unterwegs. Jeden fragt er nach dem Ausgang, den er nicht sucht; noch am Abend sind seine schlurfenden Schritte zu hören. Der das beobachtet, ist hier für ein paar Stunden mit seiner Mutter zusammen, die ihn nur noch auf dem Foto erkennt. Aber sie merkt, dass er ihr nahe ist, jedenfalls jetzt, auch wenn er sich zu ihr herüberbeugen muss, um ihr in die Augen zu sehen, mit denen sie unentwegt zur Seite blickt. In ihren hellen Momenten weint sie, wenn sie nicht unverhofft lacht. Dann boxt sie ihn an die Schulter, wie eine Mutter, die ihren erwachsenen Sohn so behandelt, als wäre er ihr Kleiner.

43

Mal zeigt meine Mutter Freude, mal ist sie unwirsch, wie sie es früher nie gewesen ist, mal spricht sie einen Satz, einen einzigen nur, als wären alle ihre Worte noch da. Wir spüren ihr Spüren, aber was genau sie empfindet und wie, das wissen wir nicht (sowenig wir wissen, was »genau« in diesem Zusammenhang bedeutet). Haben wir jemals mehr gewusst? Wussten wir je besser, wie es ihr ging? Genau zu wissen, wie es jemandem geht – das gibt es nur in der Fiktion. Figuren wie Anna Karenina oder Nathan Zuckerman sind dazu da, uns von dem Befinden von Personen mit der Kaltnadel der Imagination ein Bild zu entwerfen. Im Angesicht eines Gegenübers aus Fleisch und Blut verliert sich der Glaube, wir wüssten Bescheid (was Wunder, da wir uns auch über uns selbst nicht im Klaren sind).

44

Hörer unterschiedlicher Nationalitäten haben sich am Samstagnachmittag unabhängig voneinander auf dem nach Geschäftsschluss weitgehend leeren Parkplatz einer deutschen Kleinstadt eingefunden. Jeder für sich sitzt in seinem Auto, um unbehelligt zu durchleiden, was im Radio aus fernen Stadien übertragen wird. Statt in der Menge einsam zu sein, sind sie lieber in der Fremde allein.

45

Wer allein ist, kann seinem Rhythmus ungestört folgen. Der Einsame dagegen hört nur das eigene Herz und sehnt sich nach Melodien, die einer anderen Frequenz unterliegen.

46

Zwei Dinge sind es, die uns bewegen – das eigene Wohlergehen und etwas, womit wir dieses riskieren.

47

Was wir begehren, ist Erfüllung und Begehren.

48

Dem Satz, der Sache, dem Leben einen Dreh geben – ohne diesen Schwindel wäre alles ein Schwindel.

49

Die Gestalt eines Buchs sollte seinen Ansichten entsprechen.

50

Variation, erst recht der fließendere Plural, ist eines jener schönen Worte, die das zeigen, was sie sagen. A-i-a-i-o: eine Abwechslung von Lauten, in der sich Wiederholung mit Veränderung paart. Einen solchen

Verlauf nimmt auch das philosophische Tun. Es nimmt Gedanken auf, führt sie weiter und lässt sie nicht so, wie sie waren. Es belebt sie, es bewegt sie, es hält sich in ihrer Bewegung.

51

Wenn wir, eine schwere Last tragend, für einen Moment innehalten, hat für einen Moment nur die Balance Gewicht.

52

Sich in einer Bewegung halten, das ist fast schon alles, worauf es ankommt. Nicht allein Gehen und Stehen, alles Arbeiten, Spielen, Denken, Sprechen, Schreiben usf. sind Vorgänge, die nur aus einer mitlaufenden Bewegtheit heraus gelingen können. Die falschen Bewegungen sind jene, die uns die Beweglichkeit nehmen: die es erschweren oder unmöglich machen, den Gang der Dinge zu ändern.

53

Jede Ethik ist eine Betrachtung darüber, was uns bewegen kann und soll – wovon wir wollen können, dass es uns bewege. Das pure Wollen aber tut es nicht. Denn es hat sich nicht in der Hand. Was uns – und also auch es – bewegt, sind Neigungen und Abneigungen, Begierden und Wünsche, Hoffnungen und Befürchtungen, einschließlich der Überzeugungen, von denen sie fast alle gefärbt sind. Unser Wollen ist eine durch Überlegung und andere Übung erfolgende Modifikation dieser Faktoren, die immer schon – nicht ohne unser Zutun, aber oft wie von allein – wirksam sind. Wir steuern ein Geschehen, dessen Teil wir selbst sind. Was wir wollen können, ist allein, dass es auch unsere Bewegung sei, die uns in Bewegung versetzt.

54

Um uns selbst lenken zu können, müssen wir uns von uns selbst lenken lassen. Das, woran wir Interesse haben, das, worum es uns vor allen Dingen geht, das, woran uns leidenschaftlich liegt – ob das Personen oder Projekte, private oder politische Anliegen sind –: das muss sich finden. Niemand könnte sich selbst bestimmen, der nicht in der Lage wäre, auf die Tendenzen und Talente zu achten, die ihm nun einmal gegeben sind. Auch die Unzufriedenheit mit eigenen Neigungen und Abneigungen kann nur wirksam werden, wenn sie an andere, gegenstrebige Impulse anknüpfen kann. Jede Selbstlenkung müsste sich im Kreis drehen und dort verenden, wenn sie nicht in einem unwillkürlichen Gerichtetsein einen wenigstens vorübergehenden Rückhalt fände. Diese unwillkürliche Ausrichtung betrifft nicht allein die leitenden Antriebe, sie betrifft ebenso sehr die leitenden Absichten eines Lebens. Wer ich sein und was ich erreichen will, ergibt sich mir nicht aus Überlegung allein. Es kann sich nur zusammen mit ihr ergeben. Und das nicht nur ein Mal, sondern immer wieder. Es kann sich nur ergeben in Reaktion auf die Reaktionen, die ich der Welt gegenüber zeige und die sie mir gegenüber zeigt. Mit fixen Plänen kann man nur scheitern. Über sich bestimmen können nur Personen, die mit sich selbst Schritt zu halten – die in ihrem Tun daran anzuknüpfen vermögen, was so weit mit ihnen geschehen ist. Die Notwendigkeiten unseres Handelns entspringen der Zufälligkeit unseres Lebens.

55

Etwas mit sich und also etwas mit etwas und den anderen anfangen zu können – das ist schon der Anfang und beinahe das A und O eines guten Lebens.

56

»Das muss sein«, sagen wir oft, weil wir zu einer bestimmten Handlungsweise keine ernstzunehmende, sinnvolle, lohnende Alternative sehen – nichts, was für unsereinen in Frage käme. Etwas anderes wäre für jemanden wie mich undenkbar: nicht zum Stammtisch zu gehen, nicht die nächste Karrierestufe anzustreben, nicht gegen das Kernkraftwerk zu demonstrieren, nicht die tägliche Zeile zu schreiben. Mit solchen Bewertungen legen wir uns fest auf Möglichkeiten, die uns, so wie wir geworden sind, so wie wir uns kennen, so wie wir uns uns allein vorstellen können, als »unbedingt« geboten erscheinen. Diese Festlegung hat ihre Grundlage in einer Affirmation von Affinitäten, die wir für bestimmte Dinge unseres Lebens haben – oft bei gleichzeitiger Negation anderer Affinitäten, die wir im Licht der Ersteren als hinderlich oder destruktiv erfahren. In diesem Spannungsfeld anziehender und abstoßender, entdeckter und verdeckter, genutzter und vertaner Möglichkeiten bewegt sich die bewusste Steuerung des eigenen Lebens. Durch diese nehmen wir Gelegenheiten zu uns selbst wahr. Wir bejahen einige der Möglichkeiten, die uns gegeben sind, und richten uns von hier aus an solchen aus, die wir nach bester Überlegung erreichen oder erhalten wollen. Indem wir uns bestimmen, lassen wir uns bestimmen.

57

Handlungen sind Einlassungen. Wir sind es gewohnt, das Handeln als etwas Aktives und Freies zu verstehen, und daher verstört, wenn wir bemerken, wie sehr es passiv und bedingt ist. Anders jedoch kriegen wir uns nicht auf die Reihe. Wir sind aktiv/passive Geschöpfe. Unser Handeln ist kein Tun, kein Lassen: ein Tun-und-Lassen.

58

Laster des Tuns; Laster des Lassens. Streber und Lahmärsche, Überflieger und Pedanten – um nur die harmlosen Fälle zu nennen – verfehlen die Balance von Tun und Lassen, die freilich in jedem Feld eine andere ist (schließlich will auch Trägheit gelernt sein).

59

Selbst auf die Askese muss man sich einlassen.

60

Man kann sich an den Rand des sozialen Lebens stellen oder dorthin geraten, aber nicht an den Rand des Lebens. Auch wer, wie er glaubt und die anderen es bald darauf wissen, am »Rand des Todes« steht, stand, solange er noch lebte, in der Mitte seines Lebens. Vielleicht sind ihm seine Angelegenheiten in einer Weise dringlich geworden, wie sie es vorher nicht waren; vielleicht war es gerade umgekehrt. Die zeitliche Nähe zum eigenen Tod ist keine privilegierte Position. Sie verschafft keinen Überblick, der größer wäre als der geringe, den die haben, deren Ende ihnen unbestimmter scheint.

61

»Vollkommene Ruhe«, sagt Pascal, »ist der Tod.« Der vollkommene Überblick auch. Der hierzu nötige »Blick von nirgendwo« sagt es schon: Wir wären aus allem heraus. (Wie gering die Reize eines todlosen Lebens werden, sobald man einen Gedanken darauf verwendet.)

62

Alles Überlegen ist ein Spiel mit Möglichkeiten: ein Wägen zwischen Optionen, deren Wert ich abschätze, deren Realität ich imaginiere, deren Für und Wider ich im Licht anderer Optionen beurteile. Dieses Urteilen geschieht im Umkreis dessen, was ich jetzt weiß oder zu wissen glaube, schätze oder zu schätzen meine, inmitten von allem, was bis dahin auf mich gekommen ist. Ich nutze – ich spiele meine Determiniertheit aus.

63

Das, was ich will, ergibt sich aus einer Konkurrenz meiner durch Kenntnisse und Phantasien entweder gezügelten oder angefeuerten Neigungen, die, wenn es gutgeht, in einem effektiven Streben mündet, das mein Handeln im Unterschied zu bloßen und nachrangigen Wünschen für eine Weile leitet. Dieser Wille aber kann das Ergebnis eines äußeren oder inneren Zwangs und also unfrei sein. Frei ist er, wenn das Kräftespiel, das ihn erzeugt, von einem Überlegen steuerbar ist, in dem das Für und Wider verschiedener Handlungsmöglichkeiten mit Gründen austariert werden kann. Aber kann nicht auch dieses Überlegen zwanghaft sein, wenn es pathologischen oder ideologischen Imperativen folgt? Sicher; doch ein Überlegen, das sich nur in festgefahrenen Bahnen bewegt, kommt seiner Bestimmung nicht nach. Gegen den Virus der inneren Unfreiheit geschützt ist ein Denken, das zu jeder der Möglichkeiten, auf die es sich festlegt, eine Alternative finden kann, ohne auf das Finden solcher Alternativen fixiert zu sein. Es versteift sich nicht darauf, sich zu überbieten, obwohl es sich überbieten könnte; es hat Spielraum gegenüber sich selbst, ohne sich in diesem Spielraum zu verlieren; es kann sich festlegen, ohne sich nur auf das festlegen zu können, worauf es sich vorerst festgelegt hat. Dieser Prozess – wir können uns überlegend so oder so festlegen – ist es, woraus sich die Freiheit unseres Wollens ergibt. Das freie Wollen ist die Fähigkeit einer nicht alternativlosen Festlegung der Richtung unseres Handelns: einer Festlegung, die, hätten wir anders (oder auch nur zu einer anderen Zeit) überlegt, auch anders hätte ausfallen können.

64

Nicht alternativlos? Am Ende gar beliebig? Sollte eine Festlegung nicht für mich selbst und gegenüber anderen verbindlich sein, wie ein Versprechen, an das ich mich gebunden fühle? Aber wenn es nicht in meinem Belieben läge, es so oder anders zu machen, wo wäre die Verbindlichkeit? Dass etwas so *richtig* ist und ich mich deshalb daran halte, ergibt nur Sinn, wenn ich mich *darum* daran halte, weil *ich* glaube, einsehen zu können, dass es so richtig und anders falsch ist: weil es hierzu aus *meiner* Sicht keine *sinnvolle* Alternative gibt. Etwas einsehen zu können bedeutet zu sehen, dass man es auch hätte anders sehen können – und es doch *so* zu sehen, in dem Bewusstsein freilich, dass die eigene Ansicht sich als falsch herausstellen könnte.

65

Zwei, drei Worte nur, und die Sätze aus dem Mund meiner Mutter verlieren sich im Hinweis ihrer Fingerspitzen auf das Muster der Tischdecke oder eine Naht an meinem Hemd. Mit ihrer Schwester führe ich flüssige Gespräche, die nach zehn Minuten immer wieder von vorn beginnen. Der übermüdete Kollege umkreist das brennende Problem in immer neuen Varianten, ohne je zu einem Entschluss zu gelangen. Ohne das Getriebe einer wachen, aus Erinnerung und Erfahrung gespeisten Regung findet kein Grund einen Grund.

66

Ob es gute Gründe oder große Affekte, böse Absichten oder dubiose Neigungen sind, die am Ende ins Gewicht fallen, tut beinahe nichts zur Sache, solange das Zaudern der Überlegung seinen Auftritt gehabt hat (schließlich ist die freie nicht immer eine vernünftige Handlung). Frei zu sein heißt, auf eine bestimmte Weise zögern zu können: so, dass die im Überlegen aufgerührten Kräfte Zeit gehabt haben, ihr unwahrscheinliches Werk zu tun.

67

Ich bejahe! Ich verneine! Ich führe Regie! Ich bin der Boss! – so geht es im Haushalt von Personen nicht zu. Mit einem reinen Ja oder Nein kann nur der Würfel dienen, an den wir unser Geschick delegieren. Personen sind Lebewesen, die sich von sich bestimmen lassen können – von jenen Beweggründen, die ihr Überlegen überleben. Diese Gründe *sind* ihre Stellungnahme, zu der sie nur mit *anderen* Gründen Stellung beziehen können, wenn sie nicht in Panik oder Jubel ihr Denken über Bord werfen wollen, wogegen nichts spricht außer dem Risiko, nachher umso mehr in einer Lage zu sein, für die man sich mit Inbrunst verwünscht, wenn nicht der Zufall es will, dass sie in Umstände geraten, für die sie ewig dankbar sein werden.

68

Der Lichtkegel unserer Sondierungen dehnt sich aus und zieht sich zusammen – in der Kindheit und im Alter, am Morgen und am Abend, bei manchem sogar im Frühjahr und im Winter. Frei ist man mehr oder weniger, wovon menschliche Individuen wie biologische Arten ein jederzeit unterhaltsames Beispiel geben.

69

Wir verfügen weder über die Welt noch über uns selbst. Denn im Herzen aller Verfügung, und nur dort, liegt das Unverfügte. Es ist weder Begleiterscheinung noch sonst bloß Erscheinung; es ist eine Quelle aller wirksamen Leistung. Die Kräfte der Fusion und Diffusion *treffen* sich dort, wo wir die Kraft zum Denken und Handeln haben. Bestimmend zu sein heißt, im Unbestimmten zu sein. Bestimmen ist Begrenzen und damit selber begrenzt.

70

Ich möchte keine Überraschung erleben!, sagen Vorgesetzte und Eltern. Doch, das möchten sie. Wie alle anderen ziehen sie ein Leben mit bösen Überraschungen einem mit gar keinen vor.

71

Zeitbewusstsein ist der Kern der Kenntnis, die wir von uns selbst haben. Diese liegt in dem Bewusstsein, dass alles, was in der Zeit des Erlebens – für einen Augenblick oder weit darüber hinaus – einen besonderen Magnetismus gewinnt, den Fliehkräften der Veränderung ausgesetzt ist. Das Glück, das einem bewussten Leben zugemessen wird, ebenso wie dasjenige, das dann und wann seinen Kompass durcheinanderbringt, dieses Glück ist vergänglich und darin mit dem Schmerz verbunden – aber nur als vergängliches und vom Schmerz berührtes ist es Glück.

72

Vieles kann man richtig oder falsch machen, aber nicht alles. »Das siehst du richtig«, sagen wir, wenn jemand eine zutreffende Einschätzung gibt. »Das war daneben«, heißt es, wenn jemand den Anstand hat vermissen lassen. Richtig und falsch können Urteile und Handlungen sein, Planungen und Strategien, Adressen und Anweisungen – nicht aber der Verlauf und Vollzug eines Lebens. Sobald hiervon die Rede ist, verwandeln sich Richtig und Falsch mitsamt ihren

Verwandten in Komparative. Es gelingt uns weniger oder mehr. Die Idee eines richtigen Lebens ist falsch. Man muss nur einmal sehenden Auges zwischen zwei Frauen, zwei Jobs, zwei Städten, zwei Freunden, zwei Kindern oder zwei Kranken gestanden haben. Angesichts solcher einfachen Fälle zu glauben, man habe immer alles richtig gemacht (das Beste gewählt, nichts vertan, nichts versäumt, keinen verletzt, niemanden hintergangen), setzt gehörige Blindheit voraus. Zur Moral gehört Bedauern, ohne Bedauern darüber, dass es zu ihr gehört.

73

Wer auf dem Totenbett glaubt, sich nichts vorwerfen zu müssen, belügt sich noch dort. Auf Verzeihung und Vergebung können wir hoffen, nicht aber darauf, es uns und den anderen in allem recht gemacht zu haben.

74

Wer auf Heiligkeit aus ist, sollte sich nicht unter die Leute mischen.

75

Die reine Illusion ist immer Illusion der Reinheit.

76

Man kann eine richtige Sicht *bestimmter* Dinge haben, aber keine richtige Sicht *der Dinge.*

77

»Ich lebe richtig«; »Du lebst richtig« – törichte Sätze. »Ich lebe falsch«; »Du lebst falsch« – das ist oft genug wahr. Doch dieses »falsch« bedeutet kein »nicht richtig«, sondern lediglich ein »nicht gut«. Wer in diesem Sinn falsch lebt, lebt nicht so, wie er es will oder in den Augen der anderen soll. Dieses »falsch« meint ein falsch gelenktes oder geleitetes Leben, gemessen an anderen, besseren Möglichkeiten, die eigene Zeit zu verbringen; mit der fixen Idee eines richtigen Daseins hat es nichts zu tun. Ein gedeihliches Leben ist eines, das vom Subjekt dieses Lebens *trotz allem* bejaht werden kann. Besser geht es nicht. Besser wäre schlechter. In der kurzen Zeit des Lebens sind alle Glücksgüter knapp. (An denen, die es nicht mehr oder noch nicht sind, hängt unser Glück nicht mehr oder noch nicht.)

78

»Das ist nicht das, was ich eigentlich will.« Das »eigentlich« lässt sich streichen. Es gibt nichts Eigentliches, es gibt nur das, was wir nicht nur vorübergehend, sondern längerfristig, wenn auch mit manchmal unterdrückter Leidenschaft wollen. Was wir mit Nachdruck wollen, das ist schon »das Eigentliche«. Wir haben kein Wesen, das ein Leben lang in uns läge und seiner Entfaltung harrte – es sei denn eben, wir halten einen Zug unseres Bestrebens fast ein Leben lang durch, in dem früher oder später sich einstellenden Wissen, dass diese Bindung morgen schon eine ganz andere sein kann, auch wenn wir uns das heute beim besten Willen nicht vorstellen können. (Mit 55 bin ich längst kein Trainer mehr, sagte der 45-jährige Otto Rehhagel mit einem wissenden Lächeln; mit 65 war er es immer noch.)

79

Wir wollen nicht die Trottel unseres Glücks sein. Wer ein Leben führt, das nach seinen eigenen Ansprüchen armselig oder gescheitert ist, hat kein gutes Leben, auch wenn er glaubt, dass er es hat. (Er hält sich für schön, ohne es zu sein; sie fühlt sich geliebt und ist es nicht; er glaubt sich stark und ist doch schwach – und dies nach den eigenen, subjektiven Kriterien für Schönheit, Liebe oder Kraft.) Wer mit einem blinden Glück zufrieden wäre, könnte es sich auch durch Infusionen besorgen. Die meisten aber wollen *in der Welt* einen Ort finden, an dem sie sich wohlfühlen können. Ihr Glück liegt in der Wahrnehmung ihres Glücks, wobei es fast schon gleichgültig ist, ob das, was sie wahrnehmen, Glück ist, solange es Wahrnehmung ist, was ihnen Glück ist.

80

Lebensbilanzen sind Fälschungen. Sie täuschen eine Berechnung von Soll und Haben vor, als gäbe es feste Einheiten, mittels deren sich Gewinne und Verluste über mittlere und längere Fristen hinweg ermitteln ließen. Die aber gibt es nicht. In einem guten Augenblick empfinden wir, dass alles gut war, weil es uns hierher geführt hat. Im Augenblick der Verzweiflung empfinden wir, dass alles nichts war, weil es uns hierher verschlagen hat. In den neutralen Augenblicken ist das Interesse an Bilanzen gering; der Saldo erscheint ausgeglichen. Die wahre Bilanz, könnte man denken, beginnt erst mit der Geschichte der wechselnden Bilanzen. Das aber wäre keine, denn zu jeder Rechnung wird uns eine Gegenrechnung in Form einer anderen Geschichte präsentiert. Das Leben rechnet sich nicht.

81

Es ist unmöglich, das eigene Leben für gescheitert zu halten. Pläne, Ehen, Firmen – alles lassen wir seelenruhig in die Brüche gehen, nur das eigene Leben nicht. Wir haben nur das eine. Solange wir es überhaupt noch – wenn auch für gescheitert – »halten«, halten wir uns zugute, wenigstens in Klarheit untergegangen zu sein.

82

Es gibt einen eleganten Schachzug, das Auf und Ab des Lebens in eine Avenue der Einzigartigkeit zu verwandeln. Man muss nur statt der durchwachsenen Lebenszustände den glorreichen Lebensweg, statt der Entscheidungen die Entschiedenheit, statt der eigenen Verfehlungen die eigene Freiheit bejahen: *I did it my way.* Es mag gewesen sein, wie es mag, sagt die Sinatra-Doktrin, es war gut, weil es meine eigene und keine geliehene Weise war, die Dinge richtig und falsch zu machen. Moralisch ist der Satz anrüchig; die größten Verbrecher werden sich gern zu ihm bekennen. Aber das macht ihn nicht falsch. Es ist die kühlste Quelle des Glücks, von sich sagen zu können, dass der Weg sich – alles in allem, und vor allem trotz allem – gelohnt hat. Von diesem Glück zehren auch die, die nicht mit Massakern von sich reden machen.

83

Das gute Leben ist kein moralischer Begriff. Umgekehrt wird ein Schuh daraus: Moral ist Rücksicht auf Möglichkeiten des Guten; das ist ihr Gutes.
Moralisch gut sind Personen und ihre Handlungen; jemand, der ein gutes Leben hat, ist noch lange nicht moralisch gut. Mit etwas Dusel kann ich es mir gutgehen lassen, ohne mich groß um andere zu scheren. Das Argument für die Moral lautet nicht, dass es in ihren Armen zum Glück keinen Dusel mehr braucht; den braucht es immer. Das Argument lautet: dass in ihren Armen das Glück mehr Farbe hat.

84

Zur Kritik der moralischen Ideale – auch derjenigen Nietzsches – gehört die an dem des Mitsicheinigseins. Wir sind es nicht. Wir können es nicht. Wir sollten es nicht. Und unter uns: Wir wollen es nicht. Mit sich im Reinen sind nur die Doofen.

85

Unsere Beziehungen – zur Natur, zu den anderen, zu uns selbst – sind vergiftet von Anfang an; wir können aber darauf achten, dass nicht eines der Gifte die Oberhand gewinnt.

86

Aus der Angst, ungerecht zu sein, gehen viele Ungerechtigkeiten hervor.

87

Nicht viel braucht es, um sich erniedrigt zu fühlen. Wenn ich mir selbst auf den Schuhbändel trete und die Schleife sich löst, fühle ich mich bloßgestellt, selbst wenn weit und breit keiner da ist, der es gesehen haben könnte. Am meisten quälen einen die Zuschauer, die man nicht hat.

88

Sportler und andere Showpeople – Schauspieler, Anwälte, Politiker, Polizisten, Professoren – haben, wenn sie ihr Metier beherrschen, eine besondere Tugend: die der Präsenz. Sie sind da und strahlen ihr Hiersein auf die gesamte Situation aus. Sie können dies, weil sie Fähigkeiten haben, die sie nicht ausspielen müssen. Noch in der dichtesten Performance halten sie ihre Möglichkeiten zurück. Präsenz ist Absenz. Wer alles zeigt, was er hat, ist nicht von dieser Welt.

89

Die sich ganz öffnen, sind genauso verloren wie die, die sich ganz verschließen. Am Ende ist beides dasselbe. Im Gesicht der Verschlossenen treten ihre Geheimnisse offen zutage; im Gerede der allzu Auskunftswilligen wird jedes Geständnis zu Schall und Rauch. Ihnen bleibt nichts übrig, was sie unausgesprochen mit anderen teilen könnten.

90

Man stellt sich Tugend und Laster gern als Gegenpole vor: hier die Heiligen, dort die Hannibal Lecters, irgendwo dazwischen mühen sich Leute wie du und ich. Ein anderes Bild zeichnet das Laster als ein Verfehlen der geraden Linie der Tugend: wieder und wieder kommen die Sünder vom rechten Weg ab. Der Wahrheit näher kommt die umgekehrte Version. Gerade ist der Weg des Lasters, das seinen Obsessionen folgt, ohne nach rechts und links zu schauen; um ihn herum schlängelt sich der gewundene Pfad der Tugend. Aber auch das wäre noch zu einfach. Tugend und Laster sind beides kurvenreiche Bahnen, die als Verläufe gar nicht voneinander zu unterscheiden sind: zwei ineinander verschlungene Linien, bei denen allein die Position der Kurven einen Unterschied macht. Die Pfade der Tugend und des Lasters, sooft sie sich kreuzen, sooft sie zur Deckung kommen, nehmen an den kritischen Punkten eine andere Wendung. Die auf dem einen wandeln, lassen sich von dem Anspruch anderer irritieren, die anderen dagegen nehmen die Gelegenheit zur Aberration nicht wahr.

91

Laster ist Verbissenheit in die eigene Art.

92

In vielen Mannschaftssportarten schließt Fairplay das Risiko unfairer Handlungen ein. Wer ohne Reserve spielt, nimmt eine Übertretung der Regeln in Kauf. So auch im Spiel der Moral. Wer es damit ernst meint, muss darauf verzichten, seine Hände in Unschuld zu waschen.

93

Tugenden sind heikle Balancen, die von den Gefühllosen nicht gehalten werden können. Diese wissen nicht, dass jede Tugend auf schwankendem Boden steht, und glauben daher, wenn sie eine haben, hätten sie alle.

94

Tugenden sind Herdenwesen; sie gedeihen nur in großer Gesellschaft. Mit fünf oder sieben ist es nicht getan. Ohne Neugier müsste unser Interesse an den Leuten erlahmen. Ohne Zynismus hätte die Liebe zur Wahrheit zu leiden. Ohne Wut käme Empörung nicht auf. Ohne Lässigkeit wäre alles ein Krampf. Ohne Leichtigkeit fiele alles nur schwer. Ohne Schwerfälligkeit fiele alles zu leicht. Ohne Nervosität bliebe das Denken stumpf. Ohne Sturheit kämen wir nicht zu den anderen durch. Ohne Feigheit würden die Waffen nie schweigen. Ohne Schamlosigkeit verlöre die Scham ihren Sinn. Ohne Humor gäbe es nichts zu lachen, nicht einmal dort, wo es nichts zu lachen gibt.

95

Jeder Tugend wohnt ihr Gegenteil, jedem Laster der Keim einer Tugend inne. Gerechtigkeit kann engstirnig sein, Besonnenheit Trägheit, Enthaltsamkeit Verschwendung, Mitleid verletzend, Fürsorge tödlich, Großzügigkeit Nachlässigkeit, Neugier Gier. Gier kann umschlagen in Offenheit für das Begehrte,

Nachlässigkeit in Freigebigkeit, Erdrückung in Umarmung, Beileid in Bedauern, Verausgabung in Ökonomie, Trägheit in Wahrnehmung, Berechnung in Begegnung.

96

Tugenden sind Laster, die ihr Schlimmstes nicht ausleben; Laster sind Tugenden, die ihr Bestes versäumen.

97

Tugendhafte Personen erkennen, lasterhafte dagegen verkennen die Ambivalenz ihrer Tugenden und Laster.

98

Die nie eine Schwäche zeigen, haben keinen starken Willen: Ihnen fehlt die Kraft zur Abweichung von der eigenen Norm, mit der sie diese auf eine willkürliche Probe stellen. Die Reue darüber, wieder einmal schwach geworden zu sein, weicht manchmal der Freude, endlich zu sich selbst zu stehen.

99

Stimmungen, Einstellungen, Charakterzüge, Fähigkeiten, Handlungsweisen – sie alle können eher tugend- oder lasterhaft sein. Nur ein weiter Begriff der Tugend kann mit den Nuancen des Lasters mithalten. Nur ein weiter Begriff des Lasters nimmt es mit den Verästelungen der Tugend auf. Wie viele Zustände müssten seziert werden, um über die Anatomie von Lebenstüchtigkeit und Moral mitsamt ihren Gegenteilen Bescheid zu wissen! Aberglaube, Abgebrühtheit, Abgeklärtheit, Achtlosigkeit, Affektiertheit, Albernheit, Altklugheit, Angabe, Angst, Ängstlichkeit, Anmut, Anpassungsfähigkeit, Anteilnahme, Argwohn, Arroganz, Askese, Aufdringlichkeit, Aufgeblasenheit, Aufgeschlossenheit, Aufmerksamkeit, Aufmüpfigkeit, Aufrichtigkeit, Aufsässigkeit, Augenmaß, Ausdauer, Ausgeglichenheit, Ausgelassenheit, Authentizität, Banalität, Barmherzigkeit, Begeisterungsfähigkeit, Beharrlichkeit, Beherrschtheit, Bequemlichkeit, Berechenbarkeit, Bescheidenheit, Bescheuertheit, Beschränktheit, Besonnenheit, Betrug, Betulichkeit, Billigkeit, Blasiertheit, Blasphemie, Blindheit, Borniertheit, Bosheit, Charme, Cleverness, Coolness, Dankbarkeit, Demut, Diskretion, Distanz, Disziplin, Dummheit, Dumpfheit, Dünkel, Ehrfurcht, Ehrgefühl, Ehrgeiz, Ehrlichkeit, Eifer, Eigendünkel, Eigensinn, Eitelkeit, Eleganz, Empfänglichkeit, Empfindlichkeit, Engstirnigkeit, Enthaltsamkeit, Entsagung, Entschlossenheit, Erfahrung, Ernsthaftigkeit, Erregbarkeit, Esprit, Fahrlässigkeit, Fairness, Fatalismus, Faulheit, Feigheit, Fiesheit, Flegelhaftigkeit, Fleiß, Flexibilität, Frechheit, Freigebigkeit, Freundlichkeit, Frivolität, Frohsinn, Frömmigkeit, Furcht, Furchtsamkeit, Geduld, Gehässigkeit, Gehorsam, Geiz, Genauigkeit, Genie, Genüsslichkeit, Gepflegtheit, Gerechtigkeit, Gerissenheit, Geschicklichkeit, Geschmeidigkeit, Gespür, Gewandtheit, Gewohnheit, Gier, Glaube, Gleichgültigkeit, Gleichmut, Grausamkeit, Grazie, Griesgrämigkeit, Grobheit, Groll, Größenwahn, Großspurigkeit, Großzügigkeit, Grübelei, Gründlichkeit, Gutmütigkeit, Habgier, Halbherzigkeit, Härte, Hass, Hässlichkeit, Heiterkeit, Hilfsbereitschaft, Hingabe, Hinterlist, Hochmut, Hoffnung, Höflichkeit, Humor, Ignoranz, Improvisationstalent, Indezenz, Indifferenz, Indolenz, Inkonsequenz, Integrität, Intelligenz, Intoleranz, Ironie, Irrationalität, Irritierbarkeit, Jähzorn, Kälte, Keuschheit, Klatschsucht, Kleinlichkeit, Klugheit, Konsequenz, Kritikfähigkeit, Kühnheit, Langeweile, Larmoyanz, Lässigkeit, Lebenslust, Leichtigkeit, Leidenschaft, Leidenschaftslosigkeit, Leutseligkeit, Liebe, Liebenswürdigkeit, List, Loyalität, Lust, Lüsternheit, Manieriertheit, Mäßigung, Melancholie, Milde, Mildtätigkeit, Missgunst, Misstrauen, Mitleid, Müdigkeit, Muße, Mut, Mutlosigkeit, Nachgiebigkeit, Nachlässigkeit, Nachsicht, Naivität, Natürlichkeit, Neid, Nervosität, Neugier, Nüchternheit, Offenheit, Opportunismus, Optimismus, Ordnungsliebe, Pedanterie, Penetranz, Perfektionismus, Pessimismus, Phantasie, Phlegma, Plumpheit, Polemik, Präsenz, Pünktlichkeit, Rachsucht, Raffinesse, Rationalität, Rebellion, Rechtschaffenheit, Redlichkeit, Reizbarkeit, Respekt, Respektlosigkeit, Ressentiment, Ruhe, Ruhmsucht, Sanftmut, Sarkasmus, Schadenfreude, Schalkhaftigkeit, Schamgefühl, Schamlosigkeit, Schlamperei, Schönheit, Schüchternheit, Schwerfälligkeit, Selbständigkeit, Selbstbeherrschung, Selbsterkenntnis, Selbstgefälligkeit, Selbstgenügsamkeit, Selbstliebe, Selbstmitleid, Selbsttäuschung, Selbstzufriedenheit, Skepsis, Skrupel, Solidarität, Sorgfalt, Sorglosigkeit, Sparsamkeit, Spielfreude, Spottlust, Spürsinn, Starrsinn, Steifheit, Stil, Stillosigkeit, Stolz, Strebertum, Strebsamkeit, Sturheit, Sucht, Takt, Taktlosigkeit, Tapferkeit, Teilnahmslosigkeit, Toleranz, Torheit, Trägheit, Treue, Trübsinn, Überdruss, Umgänglichkeit, Umsicht, Unaufrichtigkeit, Unbefangenheit, Unbeherrschtheit, Unbeirrbarkeit, Unberechenbarkeit, Unbescheidenheit, Undankbarkeit, Unempfindlichkeit, Ungeduld, Ungehorsam, Ungeschicklichkeit, Ungezwungenheit, Unhöflichkeit, Unkeuschheit, Unselbständigkeit, Unterwürfigkeit, Unverschämtheit, Verantwortung, Verbissenheit, Verbitterung, Verbohrtheit, Vergebung, Vergesslichkeit, Verlässlichkeit, Verlogenheit, Verrat, Verschlossenheit, Verschrobenheit, Verschwendung, Verschwiegenheit, Versöhnung, Verständigkeit, Verstiegenheit, Vertrauen, Verträumtheit, Verwahrlosung, Verzagtheit, Verzeihung, Völlerei, Vorsicht, Wachheit, Wahrhaftigkeit, Wahrheitsliebe, Wärme, Weichheit, Weinerlichkeit, Weisheit, Wildheit, Witz, Wohlwollen, Wollust, Würde, Wut, Zaghaftigkeit, Zartgefühl, Zärtlichkeit, Zielstrebigkeit, Zorn, Zurückhaltung, Zuversicht, Zynismus …

100

Eine Aufmerksamkeit der Liebe, eine des Hasses und eine des Abstands. Sie sind miteinander verflochten, sie liegen miteinander im Kampf, sie halten einander im Zaum. Wie die Liebe ist auch der Hass eine –

manchmal noch einseitigere, manchmal noch wechselseitigere – Form der Intimität, bei der es nicht bleiben kann, wenn es nicht zu Mord und Totschlag unter den Menschen kommen soll.
Wer liebt, dem ist, solange die Liebe jung ist, jeder Zug des Geliebten der Beachtung wert: die Unregelmäßigkeiten des Körperbaus, das kleine Lispeln, die Unordnung im Badezimmer, alles. Wer hasst, der ist, solange die Leidenschaft lebt, von jeder Erscheinung seines Gegenübers gefesselt: den Unregelmäßigkeiten des Körperbaus, dem fatalen Lispeln, der ewigen Unordnung, der Art zu kauen und schlucken, zu gehen und stehen. Schwer zu sagen, wessen Aufmerksamkeit größer ist. Dass der Hassende sein Gegenüber meist nicht anrühren mag (aber auch das gibt es: dass die Observation der Abneigung noch den körperlichen Verkehr durchdringt), gleicht er durch seine Unfähigkeit zum Unbeteiligtsein aus. Liebe dagegen, wo sie sich hält, schafft Zonen der Indifferenz, in denen einer den anderen lässt, wie er ist. In der ersten öffnet sich dann eine dritte Aufmerksamkeit: die eines gleichgültigen Gefallens daran, wie der andere im Raum des eigenen Lebens erscheint. In diesem Abstand von der Leidenschaft, der hier ein Abstand in der Leidenschaft ist, wird sichtbar, dass der Geliebte zugleich ein anderer ist als der, den ich liebe: jemand, den ich mit gleichgültiger Wachheit wahrnehmen kann. In diese Gleichgültigkeit schießt – in einer Art Schubumkehr, die oft in Schüben kommt und wieder geht – der Hass hinein: kein Flecken, der nun nicht von der Intensität meines Widerwillens aus-

geleuchtet würde. Aus derselben Gleichgültigkeit heraus aber flammt auch die zärtliche Anwandlung auf: im Wiedererkennen der Person, die mein Ein und Alles ist. Kommt das liebende Erkennen nicht wieder, ohne dass der Hass an seine Stelle tritt, verwandelt sich die, die mir am nächsten war, in ein Wesen von einem anderen Planeten, dem ich von Herzen alles Gute wünsche.

Dieses gleichgültige, nicht von Liebe oder Hass verzehrte Wohlwollen bereitet den Boden der Moral. Wo Liebe und Hass eine Pause machen, ergibt sich ein Interesse an den Leuten, einfach weil sie Leute sind, die lieben und hassen können wie wir selbst und die wir darum lassen wollen, wie sie nun einmal sind. Der Gleichgültigkeit in der Liebe entspringt die Achtung unbestimmt vieler.

101

Die Liebe – was auch immer ihre Objekte sein mögen: Frauen, Männer, Bücher, Sitten, Länder, Nationen – bereitet das Feld für den Hass und für den Abstand zu Liebe und Hass. Noch das Recht wächst aus der Neutralität in der Liebe hervor, aber es macht sich unabhängig von ihren Schwankungen, oder versucht es, um ihren Schwankungen ein Daseinsrecht zu sichern.

102

Moral ist eine Ausgestaltung dessen, wie wir zueinander stehen – wie wir uns nehmen und geben wollen. Aber wer sind »wir«? Es sind alle, die zu dieser Gestaltung fähig sind – und alle, die zu diesen gehören. Moralische Rücksicht gebietet sich nicht allein unter denen, die zurzeit satisfaktionsfähig sind. Sie gehört sich unter denen, die es zurzeit sind, im Angesicht aller, die ein Gegenüber ihres Lebens und Handelns, Gedenkens und Erwartens sind. Moral ist ein Schutz der Teilnahme am menschlichen Leben, ganz egal, wie die, die unter diesem Schutz stehen, zu dieser Teilnahme stehen, ganz egal auch, aus welchem Stoff diese Teilnehmer gemacht sind. Sobald wir Roboter wie unseresgleichen behandeln, weil sie sich um ihre Existenz – sowohl untereinander als auch uns gegenüber – zu sorgen beginnen, gehören auch sie zum Kreis der Unsrigen hinzu. Von der DNA allein hängt hier nichts ab.

103

Aber wie steht es mit den Lebewesen, die, anders als manche Tiere in Haus und Hof, nicht auf die eine oder andere Weise Teilnehmer an unserer Lebensform sind, deren Zuneigung wir weder gewinnen noch verspielen können und die uns auch nie auf diese Weise nahe sein werden? Die sollen wir nicht quälen, selbst wenn wir glauben, uns von ihnen ernähren zu müssen. Aber warum nicht, wo sie doch mit uns nichts zu tun haben? Weil wir mit ihnen zu tun haben, sobald wir erkannt haben, dass auch wir nur eine Art leidensfähiger Tiere sind.

104

Wer das Ungeborene – das Menschenwesen, das noch nicht unter den Menschen lebt – schon als ein Gegenüber des eigenen Lebens versteht, es spürt, auf es aufmerksam ist, hat es angenommen und damit aufgenommen in den Kreis derer, die zu uns gehören: zu denen, die für ihr Gedeihen darauf angewiesen sind, von anderen Menschen wahrgenommen zu werden.

105

Moral reicht über die Rechte und Pflichten unter zurechnungsfähigen Erwachsenen hinaus, weil diese selbst darüber hinausreichen. Im Moment der Krankheit und des Wahnsinns, der jeden jederzeit ereilen kann, schwindet ihr Status als moralisch Handelnde, doch nicht als moralisch zu Behandelnde. Alle, die moralisch handeln können, sind mit Rücksicht zu behandeln und darum auch alle, die nicht moralisch handeln können: weil alle, die – jetzt – moralisch handeln können, solche waren und mit einiger Wahrscheinlichkeit bald wieder sein werden, die nicht selbst moralisch handeln können.

106

»Ich bin nicht mehr ich«, sagte meine Mutter, als sie Worte wie »ich« und »bin« noch gebrauchen konnte; für sie selbst ist sie es heute schon lange nicht mehr. Aber für mich ist sie noch sie, ich kenne ihr Lächeln, ihr Starren, ihre Tränen – wenn auch von früher in einer ganz anderen Verteilung.

107

Wer sich auf Moral einlässt, um sich selbst – vor Einsamkeit und Gewalt – geschützt zu wissen, lässt sich auf Bindungen ein, die das bloße Eigeninteresse weit übersteigen. Moral ist kein taktisches Bündnis. Dass ich mich aus Interesse am eigenen Wohlergehen auf die Berücksichtigung des Wohlergehens anderer einlasse, bedeutet, dass mir um meiner selbst willen an der Rücksicht auf das Wohlergehen anderer liegt: um meiner selbst willen bin ich bereit, um der anderen willen zu handeln. Was will man mehr.

108

Eine Moral, die nicht im eigenen Interesse liegt, ist keine. Mir liegt daran, frei unter Freien zu leben – deswegen nehme ich Rücksicht. Der Egoist dagegen hat an seiner Freiheit genug, ohne zu merken, wie wenig er daran hat.

109

Unter anderen ich – so finde ich mich vor. Unter anderem mir – kommen Rechte und Pflichten zu.

110

Zu den Wurzeln der Moral gehört eine ästhetische Erfahrung, die meist übersehen oder vorschnell theologisch gesehen wird. Ich nehme etwas an und nehme es auf, so wie es sich mir gibt. Ich vernehme es so, wie es hier und jetzt erscheint. Ich lasse es in seinem Erscheinen ein Gegenüber meines leiblichen Daseins sein. Wann auch immer es sich ergibt, was auch immer es sei – ein Kieselstein, ein Baum, eine Person, ein Autoreifen. Die Klauseln »Wann auch immer es sich ergibt«, »Was auch immer es sei« aber machen deutlich, dass das wahrnehmende Hinnehmen allein noch keine Moral ergibt. Denn zu ihr gehört eine Rücksicht auf Gegenüber, die in ihrem Lebensvollzug auf die Anerkennung *als* Gegenüber angewiesen sind. Diese Individuen sollen wir *immer* als ein mögliches Gegenüber unseres Lebens sehen, auch dann, wenn sie uns persönlich ganz gleichgültig sind.
Freilich gibt es auch Leute, denen ein Baum oder ihr Auto heilig ist. Das ist eine Entgrenzung der moralischen Rücksicht, die jedem zugestanden sei, solange er sie nicht von allen verlangt – solange er nicht verlangt, dass allen alles heilig sei, worin irgendeiner eine verwandte Seele erkennt.

111

Was uns heilig ist, muss nicht das Heilige sein. Heilig in der einen Bedeutung ist das, was wir als Teil von uns, in der anderen das, wovon wir uns als Teil erfahren. Nur in der zweiten Bedeutung erscheint das Heilige als eine von einem höheren Walten gestiftete Sphäre; in der ersten ist heilig, was nach unserem Empfinden nicht angetastet werden darf.

112

Die ästhetische Anschauung nimmt alles und jedes so, als ob es ein Gegenüber wäre; die Moral beschränkt sich auf die, die es buchstäblich sind – einschließlich aller, die zu ihnen gehören, gehört haben und gehören werden. Ästhetik ist eine Moral der grenzenlosen Rücksicht; Moral ist eine Ästhetik sehr begrenzter Art.

113

Ästhetische Anschauung ist eine Übung in Generosität, die, wenn sie an die Stelle der Großzügigkeit tritt, zu einer Übung in Grausamkeit wird.

114

Die Arbeit an einer *für mich* besseren Welt ist Arbeit an einer *besseren* Welt, solange sie Arbeit an einer Wirklichkeit ist, die ich mit den vielen anderen teile. Trotzdem fällt es oft leichter, das Streben nach einer für mich besseren Welt – im Kleinen wie im Großen –

mit einer Gefährdung oder Vernichtung des Wohlergehens anderer zu verbinden. Die moralische Empfindung lenkt unsere Energien von der Zerstörung wieder auf die Erhaltung zurück. Dieses Zurücklenken ist ihr Sinn. Als Arbeit an einer heilen Welt wäre sie nur die Speerspitze der globalen Zerstörung.

115

Moral sense ist die Fähigkeit, die eigene Position zur Disposition zu stellen, ohne diese Fähigkeit zur Disposition zu stellen. Diese Fähigkeit aber braucht es überall, wo mit Umsicht verfahren wird. Daher hat es den Anschein, als sei die moralische Auszeichnung dieser Fähigkeit verkehrt. Denn auch der Böse kann hohe Umsicht walten lassen – etwa wenn er in Betracht zieht, dass die anderen ganz anders empfinden als er. Intelligenz und ihr moralischer Gebrauch fallen nicht zusammen. Aber stellt der Böse seine Position wirklich zur Disposition? Nein – deswegen ist er ja böse; er zieht seine Nummer durch. Es fehlt ihm jener Humor, der das spontane Bewusstsein davon ist, dass das, was man für unbezweifelbar hält, doch bezweifelbar ist, dass es da, wo man selbst steht und geht, keinen sicheren Stand gibt, dass das, wonach es einem am meisten verlangt, nur eine unter den zahllosen Rolltreppen ins Scheitern sein kann. Dieser Humor fehlt allerdings auch denen, die glauben, sicher auf der Seite des Guten zu stehen. Zu glauben, sicher auf der Seite des oder der Guten zu stehen: Das ist schon der erste Schritt in Richtung des Bösen.

116

Sich seiner Sache nicht zu sicher zu sein ist das Wahrzeichen jeder menschlichen Kunst.

117

Zur Ethik des Lobens gehört, dass man jemanden nicht loben darf für etwas, wofür man nicht selbst bereit wäre, Lob zu empfangen. Zur Logik des Lobens gehört, dass man an anderen loben darf, wofür man selbst um keinen Preis gelobt werden möchte.

118

Das Gift in allem Lob. Das hast du gut gemacht (Wehe, du lässt nach!). Das war das Beste, was du je gemacht hast (Wie, das andere soll nichts gewesen sein?). Ein unbedingtes Lob für etwas, das uns gelungen ist, bekommen wir nicht und können wir nicht bekommen, denn uns ist ja immer nur *etwas* gelungen. Glücklich die Musiker, die mit einem routinierten *the one and only*… auf die Bühne gebeten werden. Aber auch sie müssen sich fragen, ob es, wenn auch die Wahrheit, so nicht doch nur eine Phrase war.

119

»Play what you can't play« soll Miles Davis zu seinen Mitspielern gesagt haben. Schriftsteller wie Wittgenstein, Philip Roth und viele andere machten Dinge, die in jeder Hinsicht unseriös waren, bis sie sie machten. In der Moral ist das anders. Hier ist Genie der Wahnsinn, für den er in der Kunst nur gehalten wird.

120

Kunstwerke sind Ereignis-Objekte. Durch ihre Gestalt bringen sie – wie alles, was für wenige oder viele »zum Ereignis« wird – die Konstellationen des Möglichen und Unmöglichen, Anwesenden und Abwesenden durcheinander, die wir als Realität unserer oder einer anderen Zeit zu erfahren gewohnt sind. Auf diese Weise führen sie vor, wie sehr im Wirklichen das Mögliche und im Möglichen das Wirkliche liegt – und erinnern daran, dass dieser Zustand die Gegenwart ist.

121

Indem die Kunst mit ihren Möglichkeiten spielt, spielt sie die unseren durch.

122

Die Welt des Handelns ist eine Welt von Möglichkeiten. Die meisten sind verstellt und werden es bleiben. Die Vergangenheit: eine Galaxie realisierter in einem Universum verpasster Möglichkeiten. Die Zukunft: eine Halde von Gelegenheiten, die unter Jubel und Erstarren niemals eintreten werden, daneben das Häufchen Elend und Überschwang, das auf uns herabkommen wird. Die Gegenwart: auch hier Verschwendung, wohin man blickt. Allein was *mir* nicht möglich ist, von meinen Nächsten zu schweigen, erst recht davon, was Ingenieure und Staaten nicht vermögen! Ich kann nicht auf Befehl einschlafen, nicht jünger werden, nicht auf den Händen laufen, mein Auto nicht reparieren, meine Wut nicht zügeln, nicht auf Gehaltserhöhung klagen, mein Kind nicht zum Lateinlernen anhalten. Myriaden von Möglichkeiten gibt es, die ich nicht einmal in Betracht ziehe, weil gute oder schlechte Gewohnheit mich davon abhält, weil es mir gegen den Strich geht oder ich es einfach nicht will. Ich könnte mir einen Ergometer anschaffen, Duftkerzen aufstellen, Kutteln essen, mein Kind verstoßen, mit Al-Qaida Kontakt aufnehmen oder meine Theorien von der Festplatte löschen. Ich könnte das. Ein paar lächerliche Möglichkeiten nur sind es, für die ich mich wirklich erwärmen kann. Ohne Stau nach Mailand zu kommen, den Respekt meiner Lieben nicht zu verlieren, mal einen Nobelpreis zu bekommen – und meine Mannschaft noch ein paar Spiele mehr gewinnen zu sehen. Die meisten der Möglichkeiten, die wir haben, interessieren uns nicht; sie interessieren uns so wenig, dass wir in ihnen gar keine Möglichkeiten sehen. Und doch sind sie da, türmen sich übereinander auf, sind unübersehbar miteinander im Bunde, umkreisen dich lautlos und lauernd, bis eine dich packt und der Satz geschrieben oder der Mord begangen ist.

123

Am frühen Morgen fährt das Kind auf seinem Tretauto mit noch ungebremster Kraft singend über den gepflasterten Hof, hinter dem anderen Jungen her, der eben um einen Miststreuer herumbiegt, der eine lange starre eiserne Deichsel hat. Der Verfolger sieht sie nicht. Er flitzt darauf zu; bis heute ist der Zuschauer zum Zuschauen verdammt, als die kalte eingefettete Stange den Jungen genau zwischen den Augen trifft. Sie wirft ihn gegen die Rückenlehne seines Sitzes, die nicht nachgeben kann, seitlich erst fällt er, schwarz im Gesicht, auf das Kopfsteinpflaster, einen so weichen Grund, dass an Schreien nicht zu denken war.

124

Es ist Kinderkonzert gewesen am Sonntagnachmittag; auf dem Weg durch den kalten Abend hat der Vater die Tochter an der Hand, die verträumt auf dem Bordstein balanciert. Er führt die Trödelnde mit geduldiger Kraft, es wäre Grazie, wenn es nicht Abwesenheit wäre. Das eine Programm ist erfüllt, der Blick schon auf die Freuden des Büros gerichtet, dennoch, im Scheinwerferlicht eines entgegenkommenden Fahrzeugs, sieht es für einen Moment so aus, als tanzten die zwei, wenn auch nach unterschiedlichen Noten.

125

Die Frau an der Käsetheke schafft es nicht, ein Stück von zweihundert Gramm zu schneiden oder von hundert, egal, ihr gilt jedes Stück gleich. Ihre Hand kann nicht wiegen, ihr Auge nicht messen. Jedes Mal hofft sie, die Waage werde ein Einsehen haben, was sie nicht hat. Ein bisschen pampig fragt sie, ob es so recht sei; es ist recht, denn sonst würde alles noch länger dauern. So macht sie weiter auf gut Glück, das jede ihrer Bewegungen flieht. Sie kennt das Gewicht der Dinge nicht, hat keine Zeit für ihr Erscheinen, die sich selbst ein guter Killer lässt.

126

Ich kann die Grillen nicht mehr hören. »Aber das *musst* du doch hören«, ruft das Kind, dem das Zirpen so klar wie die eigene Stimme erklingt. Es befragt einen zweiten Zeugen, doch der, eine Spur älter als ich, muss ebenfalls passen. Ein Teil der Welt ist vom Tonband unserer Welt gelöscht. Wie aber wäre es, wenn eines Tages keiner mehr die Grillen hörte? Dann wäre das Zirpen aus der menschlichen Welt verschwunden. Aber wäre es verschwunden? Kaum, denn da sind ja noch die Grillen: Für sie ist das Zirpen schließlich da (auch wenn es sich für sie ganz anders anhören mag als für uns). Außerdem gäbe es weiterhin die Geräte, die in der Lage sind, die für unsereinen unhörbaren Frequenzen aufzuzeichnen. Die Grillen könnten also weiterhin akustisch geortet werden. Folgt daraus, dass etwas Wahrnehmbares wie

Geräusch und Klang nur da, nur gegeben, nur wirklich ist, wenn es von irgendwem irgendwie vernommen werden kann – das Zirpen der Grillen z. B. von Grillen, Kindern und Akustikern? Könnte es Klänge geben, die keiner je hören *kann*? – Natürlich gibt es Klänge, die keiner je wahrgenommen *hat*. Hilferufe verhallen ungehört, ebenso wie der Aufprall des Apfels auf dem feuchten Rasen in der Frühe. Aber Klänge, die kein wenigstens *denkbarer* Hörender hören könnte: Das gibt es nicht. Es gehört zum Geräusch, dass es im Hören bemerkbar werden kann – mag auch eine Ewigkeit lang keiner hingehört haben. Nehmen wir an, eine bestimmte Tulpenart sondere beim Aufblühen feine dodekaphonische Klänge aus, die, von allen unbemerkt, bis zum Jahr 2525 ungehört geblieben sind, die jetzt aber eine auf Schönberg, Tulpen und extreme Akustik spezialisierte Forschergruppe zu Gehör zu bringen weiß. Müssten wir sagen, dass es diese Klänge erst jetzt gibt, wo wir sie im Medium hochsensibler Geräte hören können? Das wäre absurd. Denn was nun vernehmlich wird, sind die für das unbewaffnete menschliche Ohr unhörbaren Klänge eben jener Tulpen, die wir seit langem jedes Frühjahr in unseren Zimmern stehen hatten. Der Sound war da, aber keiner war fähig, ihn zu hören. Er »wartete auf seine Entdeckung«. (Auch die Fledermäuse haben ihr Echolotsystem ja nicht erst in dem Augenblick eingerichtet, als ein Forscher dahinterkam.) Der Begriff des Klangs kann von dem seiner Hörbarkeit nicht getrennt werden. Geräusch und Klang *sind* das Hörbare, auch wenn niemals Individuen oder Spezies aufkreuzen, die gerade diese Signale hören könnten. Alles, was wir annehmen müssen, wenn wir von akustischen Phänomenen sprechen, ist, dass wir von Phänomenen sprechen, die hör*bar* sind und also: bei denen es *denkbar* ist, dass einer sie hört. Das Wahrnehmbare ist wahrnehmbar, auch wenn es nie einer wahrnehmen wird.

127

Wenn mit *mir* die übrige Welt nicht verschwindet, warum sollte sie mit *uns* verschwinden? Geräusche sind Erscheinungen, die von Hörenden gehört werden können, gleichgültig, ob Hörende in der Gegend sind oder ob es überhaupt geeignete Hörende gibt. (Die Rede von »unhörbaren Geräuschen« dagegen hat nur Sinn, solange Geräusche gemeint sind, die für *unsereinen* unhörbar sind.)

128

Den Apfel, der in der Frühe vom Baum fiel, hat keiner gesehen und keiner gehört, weil alle noch schliefen. Hörbar zu sein bedeutet nicht, aktuell gehört zu werden. Die Welt des Hörbaren ist unendlich reicher als die Erfahrung aller denkbaren Hörenden und ist doch nicht zu trennen von ihrem wenigstens denkbaren Hören. (Kommen Sie mir nicht mit einem »idealen Hörenden«, der einfach alles hören kann. Dieser hört nichts außer einem Rauschen, von dem er nicht wissen kann, dass es ein Rauschen ist, da er den

Unterschied zwischen einem Hören von *etwas* vor dem *Hintergrund* eines Rauschens und dem von *allem* – »einem einzigen Rauschen« – nicht kennt.)

129

Auch du, antworte ich dem Kind, hörst das meiste nicht. Ich nehme es mit zum Ohrenarzt – zu jenen Geräten, mit denen die Hörfähigkeit getestet wird. Man sieht die Sprechstundenhilfe die Knöpfe drehen, und nach einer viertel oder halben Drehung ist der erste leise Laut zu hören. Im Schatten des für uns Hörbaren liegen Höhen und Tiefen, an die kein menschliches Ohr heranreicht. »Aber woher wissen die, dass da wirklich etwas zu *hören* ist außer dem, was einer wie *wir* da hören kann?« – »Das sind Schwingungen, die man messen kann.« – »Kann der *Apparat* die hören?« – »Das braucht er nicht; er misst sie – wie ein Thermometer, das hohe und tiefe Temperaturen anzeigt, ohne dabei zu frieren oder zu schwitzen.«

130

Die messbare und die vernehmliche Welt sind ein und dieselbe. Verschiedene Dimensionen der messbaren können von vernehmenden Wesen verschieden gut wahrgenommen werden; ein Großteil der messbaren kann weder von uns noch von anderen vernehmenden Wesen wahrgenommen werden. Aber heißt das nicht, dass sich das Vernehmen nur an der Oberfläche der Welt bewegt? Ist das, was wir hören, sehen und mit den anderen Sinnen aufnehmen, nur ein Hirngespinst, hinter dem sich die wahre, die messbare Wirklichkeit abspielt? Ist also alles Erscheinen ein Schein?

Alles Erscheinen ist schon deshalb kein Schein, weil unsere Sinne uns oft eine richtige und rasche Einschätzung von Maßverhältnissen geben. Wir nehmen das Runde als rund, das Schwerere als schwerer, das Leisere als leiser wahr. Das Vernehmen unterscheidet hier Verhältnisse mit wenigstens leidlicher Sicherheit, die sich auch anders – mit anderen Sinnen oder ohne die Hilfe der Sinne – hätten feststellen lassen.

Das Erscheinen ist aber auch deshalb kein Schein, weil in ihm etwas zur Wahrnehmung kommt, worauf wir im Messen nie hätten kommen können. Das Farbspektrum öffnet sich nur im Sehen und kann *anschließend* als Differenz von Typen von Lichtwellenlängen dargestellt werden. Der Sound der elektrisch verstärkten Trompete von Miles Davis in dem Stück *Calypso Frelimo* auf der LP *Get Up With It* lässt sich in seiner Differenz zu den sehr ähnlich klingenden Tönen der beiden E-Gitarren messen, aber über die Rolle solcher Differenzen in dieser Musik lässt sich allein messend gar nichts erkennen. Dass Hörbares und Hörbarkeit messbar sind, heißt nicht, dass alles Gehörte nur in Maßverhältnissen besteht.

131

Nur dann ist das Erscheinen Schein, wenn wir einer Täuschung unterliegen. Nur dort aber können wir uns täuschen, wo wir auch richtigliegen können: wo

wir wirkliches von scheinbarem Erscheinen unterscheiden können.
Aber kann es hier überhaupt eine Täuschung geben? »Ich dachte, die Hose wäre grün.« – »Sie ist braun.« – »Ach so, sie sah aber grün aus.« Wenn es aus meiner Warte so aussah, als sei der Gegenstand grün, dann *sah es* doch so aus! Wo wäre da ein Spielraum für Täuschung? Er liegt darin, dass ich den Eindruck der Wahrnehmung in die Aussage meines Urteils übernehmen kann oder auch nicht. Was farblich soundso aussieht, muss nicht soundso sein. Dennoch ist auch das farbliche Sein an ein bestimmtes Erscheinen gebunden: an dasjenige, das ich dem Objekt unabhängig von besonderen Wahrnehmungssituationen zuschreiben kann – an dasjenige, was es unter Standardbedingungen der visuellen Wahrnehmung zeigt.
Wenn ich mich verhört habe, habe ich mich hinsichtlich einer akustischen Erscheinung getäuscht. Ich glaubte, die von Pete Cosey gespielte E-Gitarre zu hören, dabei war es die Trompete von Miles Davis. Ich hätte bedenken sollen, dass ich eine Musik höre, die die Klangfarben von Trompete und Gitarre einander absichtsvoll nahe kommen lässt. Ich habe im Hören nicht genau genug unterschieden. Ich hätte von dem – richtigen – Eindruck, dass etwas *wie* eine Gitarre klingt, nicht übergehen dürfen zu der Annahme, dass es das Spiel einer Gitarre *ist.* Grundsätzlich ist es offen, ob etwas in dem, wie es uns erscheint, nur Erscheinung ist oder zugleich auch Sein. Aber es gibt genug Fälle, in denen wir sicher sein können, dass das Erscheinende eine Form des Seienden ist. Weil es

sie gibt, können wir das bloß so Erscheinende begrifflich vom wirklichen Erscheinen trennen.

132

Das Erscheinen gehört zum Sein.

Wenn ich sage, »Das sieht rot aus«, sage ich etwas anderes, als wenn ich sage, »Das ist rot.« Im ersten Fall sage ich, wie etwas mir erscheint, im zweiten Fall hingegen, wie etwas ist. Auch dieses Sosein ist ein Erscheinen; ich sage, wie etwas nicht allein mir, sondern jedem erscheint, der richtig hinschauen kann. Ich behaupte dann nicht nur, dass etwas mir oder hier rot erscheint, sondern dass es die Erscheinung – die Wahrnehmungseigenschaft – hat, rot zu sein. Sicher, was so aussieht, *erscheint* mir rot, aber eben nicht nur *mir,* sondern allen, die für solche Erscheinungen empfindlich und empfänglich sind. Darum *ist* es rot. Rotsein ist eine Eigenschaft, die wir sehend, also über ihr Erscheinen, oft zuverlässig identifizieren können. Und so für alle Sinne: Das hört sich an wie ein Schrei – das *ist* ein Schrei. Das fühlt sich weich an – das *ist* weich. Das riecht nach Spargel – es *ist* Spargel, der auf dem Teller dampft.

Trotzdem verweisen nicht alle zutreffenden Aussagen über phänomenales Erscheinen auf ein entsprechendes Sosein. Das klingt wie Geschrei; das riecht wie Spargel; das schmeckt wie Bier; das fühlt sich an wie Seide – jeder dieser Sätze über ein Erscheinen kann wahr sein, ohne dass der Schluss auf das Erscheinende wahr wäre. Was wie Geschrei klingt, ist die marode Umwälzpumpe, was wie Spargel riecht, ist Mangold, eine Limonade hat den Geschmack von Bier, die vermeintliche Seide ist Viskose. Darin muss keine Täuschung liegen. Das zeigt sich daran, wie wir reagieren, sobald wir erkennen, was für Gegenstände die Ursachen unserer Empfindungen sind. »Ach so«, können wir sagen, »da haben wir uns getäuscht.« Aber wir können auch sagen: »Trotzdem, obwohl es kein X ist, es hat die Erscheinung von X.« Es ist keine Seide, aber es fühlt sich an wie Seide. Es ist kein Spargel, aber es hat den Geruch von Spargel. Was wir fühlen oder riechen, hat hier die entsprechenden phänomenalen Eigenschaften, die üblicherweise andere Stoffe haben. Das Wissen, um was für Stoffe es sich handelt, widerlegt den sinnlichen Eindruck nicht unbedingt. Dass X wie Y schmeckt, ist ein zutreffender Eindruck auch dann, wenn X kein Y ist. Die Zuschreibung phänomenaler Eigenschaften kann wahr sein, auch wenn die naheliegenden Folgerungen aus ihnen falsch sind. Es gibt ganze Bereiche, in denen wir das für selbstverständlich halten. Dass Hamlet auf der Bühne seinen Onkel tötet, ist wahr, auch wenn kein Tropfen Blut geflossen ist.

133

Es gibt einen Schein, der keine Täuschung ist. Er besteht in einem allgemein zugänglichen Erscheinen, von dem nicht auf ein entsprechendes Sosein geschlossen werden darf. Dass die Sonne am Horizont aufgeht, dass Hamlet auf der Bühne tötet und stirbt, *ist* in einer bestimmten Betrachtungsweise so, auch wenn alle wissen können, dass es in anderer Hinsicht nicht so ist. Diese Art des Scheins überlebt ihre Aufdeckung als Schein. Er ist Teil der phänomenalen oder einer imaginativen Welt. Es ist *wahr*, dass es so ist – unter der Voraussetzung, dass wir davon reden, wie sich uns etwas unter bestimmten Bedingungen darbietet. Wir könnten diese Bedingungen streichen und dann zu einer anderen, von dem Wie ihrer sinnlichen oder imaginativen Präsenz abgelösten Beschreibung der fraglichen Phänomene kommen, aber wir wollen es nicht, weil uns auch an jenen Wahrheiten liegt, die im Schein zu Hause sind.

134

Eine Rettung der Phänomene ohne Verrat an den Kräften, deren Blüte sie sind. Eine Untersuchung der Welt ohne Verrat an unserem Verständnis von ihr.

135

Ein Taubstummer könnte Schallwellen messen und auf diese Weise den Bereich des Hörbaren erkunden. Erkundet er nicht doch Geräusche oder Geräuschqualitäten, freilich, ohne sie als solche vernehmen zu können? Nein. Er erkundet, was die Hörbarkeit des Hörbaren bedingt, nicht das Hörbare selbst. Dazu müsste man hören können, also empfänglich sein für die Erscheinungen des akustischen Raums, für den Klang der Welt.

136

Wenn wir uns alle empfindenden Wesen wegdenken, wäre dann die phänomenale Welt verschwunden? Ja und nein. Die erscheinende Welt – ja, denn es wäre nichts und niemand da, dem etwas erschiene. Die Welt der Erscheinungen – nein, denn es wäre weiterhin alles da, was Empfindenden, *wären sie da*, auf die eine oder andere Weise erscheinen würde. Der Mars bleibt für Menschen ein roter Planet, auch wenn es keine Menschen mehr gibt; kämen sie durch ein Wunder wieder, wäre er rot, wie er es für das menschliche Sehen immer schon war.

137

Die messbare Seite der Welt ist nicht die Welt; sie ist die messbare Seite der Welt.
Wenn ich den Immobilienmakler frage, »Was ist das für ein Raum, den Sie mir anbieten?«, und er antwortet, »Er misst 4 × 4 Meter und hat eine Deckenhöhe von 2 Meter 30«, so wird mir das nicht genügen. »Und sonst?«, werde ich ihn fragen. Es könnte sich um das letzte Loch handeln oder um einen Traum von einem Zimmer. Zwar könnte der penible Makler auch das zu »objektivieren« versuchen und mir neben den üblichen Fotos Daten über die durchschnittliche Helligkeit, den Wärmedurchgangswert der Fenster, den Blick nach draußen, den durchschnittlichen Geräuschpegel, die Schallisolierung der Wände usf. ausdrucken. Aber nichts davon sagt mir, ob es ein passables Zimmer ist. Ich muss es »gesehen haben«, ich muss

leiblich dort gewesen sein, um derlei zu wissen. *Danach* kann ich meinen Eindruck mit Daten jedweder Art verzieren. Alles Erscheinen mag auf messbaren Verhältnissen beruhen, soviel wir wollen, doch es erfüllt sich nicht in ihnen, sondern darin, wie es für vernehmende Wesen mit einer bestimmten sinnlichen Ausstattung – ist.

138

Wer helle Räume aus irgendeinem Grund deprimierend findet, wird dennoch nicht sagen: »Was für ein deprimierender Raum!«, wenn er in diesem wunderbaren Zimmer steht. Er wird sagen: »Ja, schön, aber nichts für mich.« Die Atmosphäre, der spürbare Charakter des Raums ist nichts, was nur für mich oder dich bestünde; es ist das Erscheinen eines so und so gelegenen und so und so ausgestatteten *Raums.* Von beliebigen anderen könnte es wahrgenommen werden. Manche sind dafür blind oder nicht empfänglich – so wie bei Farben und Klängen auch. (Wenn jemand sagt, »Für *mich* ist das rot«, ist es normalerweise nicht rot.) Die Erscheinung von etwas ist das, wie es nicht nur in deinem oder meinem, sondern in unserem Vernehmen ist. Sie besteht unabhängig von den einzelnen Vollzügen, aber nicht unabhängig von dem Vermögen unserer Wahrnehmung. Was wir durch es empfangen, das ist so, wie wir es vernehmen, es sei denn eben, dass wir uns täuschen. »Die Hose ist braun«; »die Grillen zirpen«. Diese Sätze sind wahr oder falsch wie die Angaben über die Abmessungen eines Raums oder die Temperatur, die das in ihm hängende Thermometer misst. Wenn sie wahr sind, sagen sie, wie es sich objektiv verhält. Die objektive Welt ist die, von der sich in wahren Sätzen berichten lässt, gleichgültig, ob diese von Zuständen handeln, die sich nur im Vernehmen oder auch unabhängig von ihm erkennen lassen. Ob wir vernehmen oder verzeichnen: Wenn wir etwas richtig aufnehmen, erkennen wir es so, wie es tatsächlich ist. Die Welt der Erscheinungen ist so real wie die vermessene Welt.

139

Für mich haben die Zahlen Farben. Die Null ist fast weiß, die Eins hellgelb, die Zwei hellgrau, die Drei ist grün, die Vier blau, die Fünf gelb, die Sechs braun, die Sieben tiefer gelb, die Acht dunkelrot, die Neun grauschwarz. Bei Zahlenverbindungen dominiert die jeweils erste Zahl; 37 ist eher grün, 4003 eher blau. Für mich, in meiner inneren Wahrnehmung ist das so. Bei anderen, die Zahlen ebenfalls mit Farben verbinden, ist die Skala ganz anders verteilt; für viele hingegen sind Zahlen überhaupt nicht koloriert. Zahlen sind keine bunten Objekte, genauso wenig wie Buchstaben, deren Kolorierung durch meinen inneren Sinn hier nicht verraten sei (nur so viel: »Theorien« ist blaugrau). Zahlen und Buchstaben *sind* nicht farbig, da wir keinen Schimmer haben, wie ihnen Farbe *verlässlich* zuzuschreiben wäre. Bei den Objekten im Raum, angefangen bei Zahl- und Buchstaben*zeichen*, verhält es sich anders; zu ihnen gehört es, dass sie diese oder jene Farbe haben. »Aber nur für uns!«, höre ich jetzt sagen. Aber wer sind »wir«, wenn es um die Farben geht? Wir sind die, die miteinander einen Sinn für Farben teilen, durch den es uns gegeben ist, einander mitzuteilen, was für eine Farbe das Dasein hat.

140

Der Ton in meinem Ohr lässt sich mit Musik übertönen, nach Besäufnissen ist er lauter, ebenso nach einem langen, heilsamen Schlaf; wenn ich schreibe, vergesse ich ihn. Manchmal, wenn ähnliche Frequenzen im Raum sind, weiß ich nicht, höre ich *meinen* Ton oder *einen*. Höre ich etwas, das »da draußen«, also auch für andere hörbar ist, oder etwas, das nur ich hören kann, weil es einer Fehlschaltung meines Hörsinns entspringt? Ich kann dies prüfen, indem ich meine Position im Raum verändere; verändern sich Vibration und Lautstärke des Tons, so wird er wohl von draußen kommen. Wer etwas vernehmen kann, kann auch sich vernehmen – und weiß zu unterscheiden, wann er etwas und wann er bloß sich zu spüren bekommt.

141

Der Ton, der mich überallhin begleitet, lässt sich nur dadurch messen, dass nah an meinem Ohr ein anderer, messbarer Ton erzeugt wird, von dem *ich* dann sage, ja, so etwa ist auch meiner, oder nein, dieser Ton liegt um einiges tiefer. Es gibt kein Verfahren, mein Hören zu messen, ohne dass ich als Hörender zurate gezogen würde. Es braucht das Verzeichnen und das Vernehmen, um zu sagen, wie Verzeichnen und Vernehmen zueinander stehen.

142

Nur Fühlende haben ein Interesse am Messen: Sie wollen es genauer wissen. Nur Messende haben ein Interesse am Fühlen: Sie wollen es genauer wissen.

143

Wir vernehmen nicht nur die Welt, wir vernehmen auch uns in der Welt. Hören heißt, sich im Hören hören können (den Herzschlag, einen Ton im Ohr, einen Rhythmus, wie er mir in Fleisch und Blut übergegangen ist). Sehen heißt, sich sehen können, nicht nur im Spiegel, sondern auch in der Art, wie man von sich aus unter den übrigen Dingen anwesend ist. Tasten heißt, sich tasten können im Unterschied zu etwas oder jemand anderem. Zum Schmecken gehört, für eigene Zustände empfindlich zu sein, etwa wenn ich Blut im Mund habe oder ein fader Geschmack mir sagt, dass ich hier am falschen Ort bin. Riechen heißt, sich riechen oder auch sich »nicht riechen« können, wenn man sich wieder einmal wie ein Ekel aufgeführt hat.

144

Aber was heißt schon »vernehmen«? »Vernimmt« nicht auch der Apparat die Frequenzen, die er aufzeichnet, oder das Thermometer, dessen Anzeige sinkt oder steigt? Nicht dass wir wüssten, würde ich antworten, wäre das Kind noch an dem Thema interessiert. Der Apparat schmunzelt nicht, wenn endlich was reinkommt, das Thermometer schert sich nicht darum, ob sich Kondenswasser an seiner Oberfläche bildet. Es ist ihnen gleich, oder genauer: Es ist ihnen nicht einmal gleich, was sie verzeichnen. Aber dass es den Geräten nichts ausmacht, was ihnen widerfährt, dass sie nicht ihrerseits auf das reagieren, worauf sie reagieren, wäre nur die halbe Antwort. Denn sie reagieren nicht einmal auf alles das, worauf Reagierende reagieren. Sie geben Auskunft über Frequenzen, nicht aber über Klänge oder Farben (von Klangfarben ganz zu schweigen). Sie sind nicht nur ohne Empfindung bei der Sache, sie haben keinen Sinn für das Erscheinen von Sachen. Das Aussehen, das Sichanhören und Sichanfühlen der Phänomene – mit ihnen die phänomenale Welt – existieren für das Sensorium der Messgeräte nicht. Auch sie können die Grillen nicht hören, denn sie können nicht hören.

145

Vernehmen ist die empfindende oder fühlende Aufnahme von Zuständen, deren Dasein an dieses Vernehmenkönnen gebunden ist oder auch nicht. Ich sehe, dass der Ball rund ist. Was Rundheit ist, lässt sich ohne Bezug auf mein Sehen beschreiben; ich muss nicht sehen können, um zu wissen, was ein Kreis ist. Ich sehe, dass der Ball rot ist. Was Röte ist, lässt sich ohne Bezug auf ein mögliches menschliches Sehen nicht angeben; ich muss sehen können, um zu wissen, wie Rotes aussieht; ich muss Sichtbarkeit denken können, um den Begriff der Farbe zu erläutern. Die phänomenale, im Vernehmen zugängliche Welt besteht nicht aus phänomenalen Eigenschaften allein. Ebenso wenig aber besteht sie allein aus Dingen und Ereignissen, die von den Medien des Messens verzeichnet werden könnten, auch wenn *an* jedem vernehmbaren Ereignis bis zum Abwinken gemessen werden kann. Die phänomenale Welt ist eine physikalische, aber nebenbei auch – Welt.

146

»Welt« ist eine Wirklichkeit, von der Erkennende ein Verständnis haben können. Wenn die Erkennenden verschwinden, verschwindet zwar nicht die Welt, von der sie ein Verständnis hatten, aber es verschwindet das Verständnis, in dem Welt *als Welt* bemerkbar war: als ein Ineinander und Nebeneinander von Zuständen und Prozessen, von denen jeder auf andere und keiner auf alle verweist.
Durch ihr Verständnis (und die Kultur, in der es sich entwickelt hat) befinden sich Erkennende inmitten einer Wirklichkeit, in der ihnen vielfältige Möglichkeiten des Denkens und Handelns erschlossen und verschlossen sind. Dieses Verständnis ist notwendiger-

weise begrenzt. Nur weil es sich immer wieder als begrenzt erfährt, kann es das, wovon es erfährt, als etwas erfahren, woran es Halt und Gegenhalt hat: als Wirklichkeit, die nicht im Ganzen seiner Verfügung unterliegt. Von dort aus, wo das Verstehen zu Hause ist, eröffnet sich die Weite einer Welt: jene Wirklichkeit, die dem Denken und Handeln überall Grenzen und doch keine bestimmte Grenze setzt.

147

Soweit wir wissen, findet erkennende Weltbegegnung an einem zufälligen Winkel des Universums statt – da, wo die Menschen sind. Also scheint die von hier aus sich offenbarende Welt beim Nachdenken über das Wirkliche nicht wirklich ins Gewicht zu fallen. Irrtum. Denn wer das Wirkliche denkt, muss es – denken. Er muss das bedenken, was ihm in seinem Umkreis als Wirklichkeit begegnet. Diesen Umkreis kann er durch Experiment und Wissenschaft immer weiter erweitern; verlassen kann er ihn nicht. Keiner, der sich auf sich und die Welt verstünde, um wie vieles gewiefter als unsereins wir ihn uns auch vorstellen wollen, könnte den Umkreis seines Verstehens verlassen. Wenn es aber Verstehen ist, durch das ein fremdartiges erkennendes Wesen in seiner Sphäre zu Hause ist, würden unsere und seine Welt, sollten wir einander eines Tages begegnen und uns als Erkennende erkennen, früher oder später fusionieren. Verstehende können einander verstehen. Sie können erkennen, dass es *eine* und nicht bloß *ihre* Welt ist, auf deren Boden sie ihre freundlichen und feindlichen Händel austragen. (Die hämischen Aliens in dem Film *Mars Attacks* verstehen die wohlmeinenden Erdenbewohner sehr wohl, nur liegt ihnen an deren Wohlwollen nichts.)

148

Die »menschliche Welt« endet nicht an den Grenzen der menschlichen Welt, da es solche Grenzen nicht gibt. Wie begrenzt das menschliche Handeln auch sein mag, seine Reichweiten liegen nicht fest; täglich bringt es neue Kunststücke hervor. Wie beschränkt das menschliche Erkennen auch sein mag, seine Grenzen sind grundsätzlich offen; unermüdlich setzt es auf die bewährten Hypothesen die tollsten Vermutungen drauf. Die Welt, die wir so in Erfahrung bringen, mag aus der Warte einer weit höheren Intelligenz wie eine Halle erscheinen, die nur von einer einzigen schwachen Glühbirne erleuchtet wird, wo doch der Hauptschalter (dessen Code die Erdlinge nicht kennen) ein hundertmal helleres Licht erstrahlen ließe. Trotzdem ist es und bleibt es die *Welt,* die uns so zur Erfahrung kommt, auch wenn andere ein Vielfaches mehr über das Seiende an den Tag bringen könnten. Auch jene klugen Aliens aber, die wir uns in verzagten Momenten ausdenken, sind in keiner grundsätzlich anderen Lage als wir. Sie geben sich redlich Mühe, über möglichst viele für sie aufschlussreiche Aspekte der Welt Aufschluss zu gewinnen. Mehr ist auch für sie nicht drin.

149

Der Begriff der Welt ist an den ihrer Erkennbarkeit gebunden – Kants Trumpfkarte. Sie sticht aber nur, wenn nicht hinter der erkennbaren Realität noch einmal eine unerkennbare angenommen wird; wenn das Phantasma einer ultimativen Erkenntnis aus der Welt geschafft wird; wenn die Gleichgültigkeit der Welt gegenüber unserem Erkennen nicht vergessen wird; wenn wir die Welt so denken, dass die Wirklichkeit des Handelns in ihr von vornherein mit inbegriffen ist. Von unserem Denken und Handeln aus die Welt zu denken ist die einzige Möglichkeit, die Welt ohne einen Verrat am eigenen Denken zu denken, und das heißt: die einzige Möglichkeit, die Welt zu denken, da ja das Denken selber ein Teil der Welt ist, um deren Erkenntnis es sich bemüht.

150

Das Denken zu denken – mehr ist gar nicht verlangt. Der Bezug zur Realität stellt sich von selber ein, wenn das Denken denn ein Denken ist. Alle Theorie ist Theorie der Theorie.

151

Dass der *Begriff* der Welt von dem ihrer Erkennbarkeit abhängig ist, bedeutet nicht, dass *die Welt* von unserem Denken abhängig wäre. Nicht einmal für die historische Welt ist dies der Fall; auch hier geschieht vieles über das Wissen und Wollen der Mächtigen wie der

Machtlosen hinweg. Aber diese Unabhängigkeit der Welt von unserem Denken wird allein in der Besinnung auf die Fähigkeiten unseres Denkens begreiflich – dadurch, dass wir die Prozeduren aufklären, mit denen es mal erfolgreich, mal erfolglos zu erfassen versucht, wie die Dinge tatsächlich liegen. Wie etwas bestimmt *ist*, verweist darauf, wie es bestimmt *werden* kann. Was die Welt an *Unterschieden* zeigt und wie sie es tut, lässt sich nur unter Rekurs auf das Verfahren der *Unterscheidung* verständlich machen, durch das die betreffenden Unterschiede fixiert werden können. Kein Unterschied ohne mögliche Unterscheidung. Der Unterschied, den die Welt für uns macht, zeigt sich an den Unterscheidungen, die wir machen; der *Begriff* des Unterschieds, den sie weit über unser Unterscheiden hinaus macht, verweist auf Unterscheidungen, die hätten gemacht werden können. Das Verständnis der Unterschiede, die die Welt macht, lässt sich daher nur über den Weg eines Verständnisses der Unterscheidungen gewinnen, mit denen wir uns an ihr versuchen. Wer sich klarmachen will, wie die Welt bestimmt ist, muss sich klarmachen, wie weit und doch wie wenig weit wir sie zu bestimmen vermögen.

152

Im Verstehen unserer selbst und der anderen erweist es sich, dass wir uns auf eine Welt außerhalb unseres Denkens beziehen können – weil diese Bezugnahme eine Bedingung der Verständlichkeit unserer selbst und der anderen ist. Wären die Verhältnisse, über die wir sprechen, nur die Ausgeburten unseres Denkens, könnte kein anderer Denkender unsere Rede verstehen, da er sich nur auf die Ausgeburten *seines* Denkens verstünde. Ein Denken aber, das nur von den eigenen Schöpfungen umgetrieben würde, wäre keins; es wüsste gar nicht, was es heißt, mit den eigenen Ansichten richtig oder falsch zu liegen. Es wüsste nicht, was es heißt, bei anderen mit Ansichten auf Zustimmung oder Ablehnung zu stoßen, die sich an einer den anderen wie mir selbst zugänglichen Beschaffenheit der Dinge bemessen. Dass wir denken, kann nur wahr sein, wenn das, was wir denken, nicht nur ausgedacht ist.

153

Ich selbst, das Kind, das an meinen Sinnen zweifelt, der, den es als Zeugen herbeiruft, die, denen gegenüber ich behaupte, was ich behaupte – bei all denen, und mitten unter ihnen, fängt das Nachdenken über das Denken an. Ich darf dabei von mir ausgehen, wenn ich nur bereit bin, über mich hinauszugehen: mich als einen unter anderen zu verstehen, der wie die anderen verstehend auf die Umstände seines Lebens reagiert. Ich kann bei mir anfangen, solange ich nicht aufhöre, in meiner besonderen Lage die eines Beliebigen zu entdecken. Der einfachste Weg, mich von mir zu entfernen, ist der, mich selbst beim Wort zu nehmen. Was *sage* ich da, wenn ich dies sage? – und schon bin ich weit davon entfernt, nur an mich selbst zu denken.

154

Das Stück *Stellar Regions* von John Coltrane – es ist das dritte unter den Aufnahmen aus dem Jahr 1967, die unter dem gleichnamigen Titel nach seinem Tod veröffentlicht wurden – beginnt mit einem achtzehnmal gespielten Intervall, bevor es sich in den Weltraum einer kurzen Improvisation erhebt, die nach dreieinhalb Minuten schon wieder vorbei ist. Das Anfangsmotiv besteht aus den einfachsten Tönen, die man auf einem Tenorsaxophon überhaupt spielen kann, h-b, h-b, h-b, h-b, h-b, h-b, h-b, h-b, h-b, h-b, h-b, h-b, h-b, h-b, h-b, h-b, h-b, h-b. Insgesamt elfmal kommt das Stück auf diese minimale Sequenz in mittlerer Tonlage zurück, lässt sie kürzer oder länger erklingen, taucht von dort in gurgelnde Tiefen und schwingt sich in schreiende Höhen. Das Naheliegende durchspielen, bei ihm Anlauf nehmen, von dort einen Ausgriff nehmen in unbekannte Regionen: so soll es sein.

155

Wenn ich denke und spreche, benutze ich Worte, die in der Sprache eine Rolle spielen, die ich ihnen nicht zugewiesen habe. Sowenig wie die Welt ist die Sprache eine Ausgeburt meines Denkens. Deswegen komme ich auf tausend Sachen, wenn ich nur ein paar meiner Gedanken hin und her wende; deswegen kann ich mich mit ein paar Worten bereits an tausend andere richten. Wenn ich überhaupt etwas Bestimmtes sagen kann, können auch andere mich verstehen und mir ihrerseits etwas sagen; sobald ich der Sprache mächtig bin, habe ich bereits eine reichhaltige Kenntnis der Welt. Wer verständliche Perspektiven auf etwas hat, hat damit einen erkennenden Zugang zu Verhältnissen der objektiven Welt. Das Faktum des Verstehens ist das härteste aller Fakten.

156

Bei allem, was irgendwie erscheint, müssen wir uns ein empfindendes Wesen denken, dem es erscheinen könnte: sonst wäre es kein Erscheinen. Alles Erscheinen ist an ein Vernehmenkönnen gebunden, im Unterschied, so scheint es, zum sonstigen Sein, das einfach ist, wie es ist. Doch auch bei allem, was irgendwie ist, müssen wir uns ein erkennendes Wesen denken, dem es erkennbar sein könnte: sonst wäre es kein Sein. Es gibt gar keine prinzipielle Differenz zwischen phänomenalen und anderen Eigenschaften. Deren Status muss man sich im einen wie im anderen Fall aus den Bedingungen ihrer möglichen Feststellung verständlich machen. Diese Bedingungen sind unterschiedlich; im einen Fall gehört dazu das sinnliche Vernehmen, im anderen nicht; in einigen Fällen können wir uns auf Verfahren des Messens stützen, in anderen nicht. Das, was ist, ist das, was auf die eine oder andere Weise erkannt werden kann – auch wenn es nie erkannt worden ist und vielleicht nie erkannt werden wird.

157

Dass Wirklichsein bedeutet, erkannt werden zu können, heißt nicht, dass nur das wirklich wäre, wovon wir Kenntnis haben; denn wirklich ist auch das, was sich unserer Kenntnis zu unserem Glück oder Unglück entzieht. Es bedeutet auch nicht, dass die Menschen oder sonst eine Spezies eines fernen Tages alles Erkennbare erkennen könnten, was schon deshalb eine sinnlose Annahme wäre, weil den Erkennenden an diesem jüngsten Tag sehr vieles sehr fern liegen würde. (Was Pompeius drei Tage nach seinem dreißigsten Geburtstag frühstückte, dürfte schon heute kaum mehr zu ermitteln sein.) Die Welt ist nicht ein Inbegriff dessen, was wir oder andere hier und heute erkannt haben oder morgen oder an sonst einem Stichtag erkannt haben werden. Sie ist ein Inbegriff dessen, was durch uns oder andere Erkennende *erkennbar* ist. Mit der Idee einer absoluten Erkennbarkeit hat das nichts zu tun. Die Welt als bestimmbar zu denken heißt vielmehr, ihre Objekte und Ereignisse als begrifflich immer *weiter* und *anders* (aus anderen Perspektiven, mit anderen Anforderungen an die Art und Genauigkeit der gesuchten Erkenntnis) bestimmbar – und allein in diesem Sinn als *überall* bestimmt zu denken. Sie ist aber nur einem Erkennen zugänglich, das sie nicht überall – und schon gar nicht: überall zugleich – fassen kann.

158

Obwohl die Welt alles übersteigt, was intelligente Wesen tatsächlich registrieren können, ist der Begriff der Welt an den eines – und nicht allein an eine Art des – Registrierens ihrer Verfassungen gebunden. Warum aber? Weil das *Bestimmtsein* von etwas nicht ohne die Möglichkeiten seiner *Bestimmung* gedacht werden kann. Wer das bedenkt, lernt zu schätzen, dass zu aller Bestimmtheit die Unbestimmtheit gehört und dass es daher keine endgültige Bestimmung des Laufs der Welt geben kann.

159

Die Rose ist gelb, die Erde zieht ihre Bahn, der Dax hat fester geschlossen. Die Welt ist nicht irgendwie, sie ist so und so. Die Bestimmtheit jedoch, die die Welt überall hat, ist nicht zu trennen von derjenigen, die wir (oder andere erkennende Wesen) ihr abgewinnen können. Es gibt Bestimmtheit nicht nur, wo es Bestimmungen gibt, aber der Begriff der Bestimmtheit – des Soseins der Welt – setzt den der Möglichkeit des Bestimmens voraus: der Möglichkeit, zu sagen, etwas sei so und so.

160

Ein paar Unschärferelationen müssen beachtet werden. Etwas kann so *oder* so oder so *und* so bestimmt sein. Dieses Seiende kann darüber hinaus *vergleichsweise* bestimmt oder unbestimmt sein: Bei der Kennzeichnung von Äpfeln und Birnen, Gerüchen oder Farben, musikalischen oder quantenphysikalischen Prozessen fallen Art und Grad der sinnvollen und möglichen Bestimmtheit unterschiedlich aus. Auch Unbestimmtheit kann zur Bestimmtheit einer Sache gehören, die sie mal so, mal so beschreibbar sein lässt, ohne dass nur die eine Beschreibung richtig wäre. Nicht nur Farben können changieren. Was Bestimmtheit heißt und heißen kann, ist selber unbestimmt, bis es zu einer Bestimmung kommt. So bestimmt die Welt ist, nichts in ihr legt Art und Maß ihrer Bestimmtheit ein für alle Mal fest.

161

Alles Bestimmen hat die Kehrseite des Nichtbestimmens. Wenn ich etwas bestimme, bestimme ich anderes nicht; ich lasse es beiseite. Wenn wir die Bestimmtheit der Welt denken wollen, dürfen wir diese Qualität des Bestimmens nicht übergehen. Die Welt ist – so *oder* so oder so *und* so – bestimmt, aber wir können sie nicht rundum bestimmen. Das ist nicht deshalb so, weil unsere Bestimmungen mangelhaft oder ungenügend wären, wie sie es freilich oft genug sind, sondern weil es in der Natur von Bestimmungen liegt, etwas und nicht alles zu bestimmen.

162

Jede Bestimmung, die wir im Gebrauch unserer Begriffe geben, ist eben darin bestimmt, dass sie beschränkt, und eben darin beschränkt, dass sie bestimmt ist. Sie ist *diese* Bestimmtheit *dieses* Gegenstands oder Gegenstandsbereichs und nicht jene jenes; sie ist eine Bestimmtheit aus *dieser* Perspektive und nicht eine aus *jener*. Nicht allein wir, die wir die natürliche und kulturelle Ausstattung haben, die wir nun einmal haben, *niemand*, kein denkbares erkennendes Wesen, wie immer man es sich ausgestattet denkt, könnte bestimmend sein, ohne darin beschränkend zu sein. Solange man sich Götter, Aliens und andere Fabelwesen überhaupt als denkende denkt, solange man ihnen – wenn auch auf eine unbescheidenere Weise als uns selbst – Erkenntnisfähigkeit zuspricht, spricht man ihnen die Fähigkeit zu *bestimmter* Erkenntnis und damit zu einer auf Bestimmtes *beschränkten* Erkenntnis zu. Wer wissen will, kann und darf nicht alles wissen wollen.

163

Jede noch so allgemeine Erkenntnis ist in einem bestimmten Sinn relativ. Sie ist relativ zu dem, was jeweils erkannt werden *soll*, und relativ zu den Medien, durch die jeweils erkannt werden *kann*. Diese Relativität betrifft jedoch nicht die Gültigkeit des im günstigen Fall Erkannten, sondern lediglich den Fokus dessen, was im jeweiligen Zuschnitt der Erkenntnismittel erkannt werden kann. Wenn es gelingt, innerhalb einer jeweiligen Perspektive wahre Bestimmungen von Aspekten der Welt zu geben, dann ist damit Erkenntnis der objektiven Welt erreicht. Dass unser Erkennen, wenn und weil es Erkennen ist, immer beschränkt – nämlich bestimmt – ist, bedeutet also nicht, dass die so gewonnenen Erkenntnisse in einem pejorativen Sinn »beschränkt« wären. Wer überhaupt einen erkennenden Zugang zu etwas hat, hat einen beschränkten Zugang zu den Gegenständen seiner Erkenntnis; andernfalls hätte er überhaupt keinen Zugang. Für erkennende Wesen ist die Welt *bestimmt und unbestimmt* zugleich. Dies ist nicht so, weil sie eine verborgene eigentliche Bestimmung hätte oder weil sie letztlich nicht bestimmbar wäre. Es ist vielmehr so, weil alles Bestimmen – und auch alles philosophische Bestimmen des Bestimmens – seiner Natur nach aspekthaft ist. Alles Bestimmte hat die Kehrseite des Unbestimmten, gerade wenn es Bestimmtes und darüber hinaus zutreffend Bestimmtes ist. Alles Unbestimmte hat die Kehrseite einer möglichen Bestimmbarkeit, gerade wenn es vorerst oder nachhaltig unbestimmt bleibt.

164

Eine Bestimmung kann nur haben, was viele andere Bestimmungen hat. Die Welt ist überall bestimmt, aber sie hat keine eine Verfassung. Die Farbe der Rose ist ein Effekt von Lichtwellen einer bestimmten Frequenz und eine Mischung aus Rot und Gelb. Wasser ist H_2O, ein Nährstoff allen Lebens, die Biosphäre vieler Arten, ein mal erhebendes, mal bedrohliches Element, ein Klangkörper besonderer Art, ein Lichtspeicher ohnegleichen und anderes mehr (fragen Sie die

Liebhaber von Wasserbetten). Es gibt viele Wahrheiten über die Welt, aber keine wahre Welt.

165

Etwas in *seinem* Sosein erkennen zu wollen ist ganz vergeblich. Es dagegen in *einem* – und mehr als einem – Sosein erfassen zu wollen verspricht schöne Erfolge. Entgegen anderslautenden Gerüchten haben die Dinge kein Wesen. Oder, seien wir großzügig, sie haben ein Wesen, und manchmal mehr als eines, aber dieses hängt davon ab, was wir an ihnen für wesentlich halten.

166

Die Welt hat keine Beschaffenheit, die durch eine letztgültige Art der Beschreibung dargestellt werden könnte. Das heißt nicht, dass ihre Objekte und Ereignisse nicht irgendwie beschaffen wären; sie sind aus Holz, sie wiederholen sich in periodischer Folge, sie erschüttern die politische Welt, sie bewegen sich mit Lichtgeschwindigkeit fort, sie nehmen an einer Quizsendung teil, sie sind haltbar bis zum 31.12.2009 – und vieles Weitere mehr. »Und vieles Weitere mehr«: Diese Klausel markiert, was die Welt von der Reichweite unserer Kenntnisse über sie unterscheidet. Die Welt ist reicher als das, was wir an ihr und in ihr erkennen können oder könnten. Das ist kein Zufall, denn es macht die Natur alles Wirklichen aus, dass es mehr zu bieten hat als alles, worauf wir es festlegen könnten.

167

Ästhetische Wahrnehmung: in der bestimmbaren die unbestimmbare Welt vernehmen.

168

Nur wer Begriffe hat, kann wahrnehmen, was sich dem Begriff, der Beschreibung, der Unterscheidung entzieht. Nur wer Begriffe hat, kann etwas in seiner Besonderheit auffassen: *dieses* Gesicht, *diesen* Straßenzug, *diesen* Kieselstein, *dieses* Bild. Der Begriff führt vom Besonderen weg und zu ihm hin.

169

Der Sinn für die Nuance ist ein begrifflicher Sinn, der das Vernehmen mit Resonanzen versorgt, für die es keine Notenschrift gibt. Begriffe halten Eigenschaften der Dinge fest und geben sie einer ungezügelten Anschauung frei; sie frieren ihre Erscheinung ein oder tauen ihr Erscheinen auf; sie lassen wahrnehmen, dass etwas so und so ist und wie es sich in der Fülle seines Hierseins bietet; sie sind Leitkörper eines erkennenden Verfügens wie eines vernehmenden Verweilens; sie führen uns in das Gefüge und doch wieder in das Gewirr der Welt.

170

Objekte der sinnlichen Wahrnehmung bieten sich in einem Zugleichbestehen von Qualitäten und Aspekten dar, die sich weder zugleich noch zusammen festhalten lassen. Immer weitere Eigenschaften können oder könnten an ihnen diskriminiert werden; immer weitere Arten der Ansicht und der Beschreibung können oder könnten ihnen gewidmet werden. Auf immer Weiteres könnte ich achten; immer weitere Arten der wahrnehmenden Beachtung könnte ich hervorbringen. (Immer genauer könnte ich die Maserung dieser Schreibtischoberfläche beobachten; ich könnte das Wechselspiel des Lichts auf ihr verfolgen, könnte meinen Blickwinkel fortwährend ändern, ich könnte die Fläche auch tastend erkunden, ihre Akustik erproben, ihren Geruch zu atmen versuchen, ich könnte sie wie eine Bildfläche von Anselm Kiefer betrachten, ich könnte ihre Maserung als Hieroglyphenschrift imaginieren – usf.) In Zeit und Raum können Objekte der Wahrnehmung immer wieder anders erscheinen und immer wieder anders sinnlich aufgefasst werden. Und doch sind es jeweils dieselben Gegenstände – diese Landschaft, dieses Gesicht, diese Tischplatte –, die in ihrer jeweiligen Gegenwart zur Anschauung kommen. Sosehr jeder Zug am Gegenstand, der hierbei auffällig wird, mit begrifflichen Mitteln beschreibbar ist: Das Zusammenbestehen dieser Züge spottet jeder Beschreibung. Die phänomenale Präsenz von Objekten und Ereignissen übersteigt das Vermögen ihrer deskriptiven Erfassung. Aber ein Bewusstsein dieser phänomenalen Fülle gibt es nur zusammen mit der Möglichkeit einer begrifflichen Musterung, die in ihrer Gegenwart an eine Grenze des eigenen Fassungsvermögens gelangt.

171

Viele unserer Wahrnehmungen vollziehen oder enthalten ein Wahrnehmen-dass. Wenn ich etwas als einen roten Ball wahrnehme, nehme ich wahr, dass dies ein Ball und dass er rot ist (freilich kann ich mich täuschen: Der vermeintliche Ball könnte ein weißer Kürbis in roter Sonne sein). Ich sehe (oder vernehme auf andere Weise), was hier – vermeintlich oder tatsächlich – der Fall ist. Aber im Zuge begrifflich instrumentierter Wahrnehmungen nehmen wir nicht allein auf, wovon wir aussagen können, dass es der Fall ist. Sie werden oft begleitet und manchmal dominiert von einem Wahrnehmen-wie: wie rot der Ball ist, wie das Gesicht »in all seinen Zügen« gezeichnet ist, wie die Landschaft sich bis zum Horizont hin erstreckt. Gewiss lässt sich *über* dieses Wie etwas sagen – das Rot ist leuchtend, das Gesicht verhärmt, die Landschaft weit –, aber *es* lässt sich diesseits der Kunst nicht sagen, da es von einer Gleichzeitigkeit und Varietät des jeweils Vernehmbaren gekennzeichnet ist, denen keine Aussage – und kein System von Aussagen – gerecht werden kann. Mit demonstrativen Ausdrücken weisen wir auf diese Besonderheiten hin, um sie für sich selbst erscheinen zu lassen. Es handelt sich um Modalitäten, die zwar, wie alles Seiende, begrifflich in beliebigem Maß ausführlicher bestimmt werden können, die man aber *vernommen* – gesehen, gehört, gerochen, ertastet, geschmeckt – haben muss, um zu wissen, was es heißt, in der Gegenwart solcher Objekte oder Situationen zu sein. Die Erfahrung ihrer begrifflichen Unbestimmbarkeit führt in ein Verweilen bei ihrem phänomenalen Erscheinen, das nicht zu weiteren Erkenntnissen führt, da dieses Verweilen hier schon alle weitere Kenntnis ist.

172

Es ist nicht so, dass uns die Zeit fehlt, um alles ordnungsgemäß zu erfassen, uns fehlt auch der Sinn dafür. Wir stehen der Welt nicht gegenüber, sondern haben teil an ihr. Wir wollen mitgenommen werden durch ihren Lauf, wollen spürend und handelnd an dem beteiligt sein, was um uns herum geschieht, wollen uns im Einklang und Zwieklang mit ihr bewegen.

173

Das Verlangen nach Vollständigkeit ist eine manchmal nützliche, manchmal unnütze, manchmal gänzlich absurde Erwartung. »Ich brauche eine vollständige Liste der Waren in Lager B!«, »Räum' die Spülmaschine bitte vollständig aus!« – das sind sinnvolle Sätze. Wo begrenzte Angaben von Mengen oder Merkmalen benötigt werden, ist Vollständigkeit möglich. »Wir verlangen eine lückenlose Aufklärung dieses Flugzeugabsturzes« – das mag schwer, aber es sollte möglich sein. »Was genau ist die Farbe dieser Rose?« – »Teils gelb, teils rot«, könnte hier eine ausreichende Antwort lauten. Häufig ist eine ausreichende Antwort sehr viel besser als eine vermeintlich vollständige. »Was für ein Mensch ist er?« – »Er ist ein Typ wie der Mafiaboss Paulie in Scorseses *GoodFellas.*« Das könnte eine treffliche Charakterisierung dieses Menschen sein. »Gut« ist hier gut genug, denn etwas Besseres gibt es ohnehin nicht. (Der Mann hat ein Faible für Mentholzigaretten; er kommt aus gutem Hause; er steht auf Cord: Immer gibt es aufschlussreiche Aspekte, die fehlen.) In den meisten Fällen, in denen wir etwas erfahren wollen, wäre Vollständigkeit deplaziert. Wir brauchen sie nicht. Wir wollen sie nicht. Und selbst wenn wir sie wollten, wir könnten mit ihr nicht dienen. Nicht einmal Gott wäre in der Lage, einen vollständigen Bericht seiner Schöpfung zu geben; nicht umsonst hat der christliche den Schreibern der Bibel nur ein paar knappe Hinweise gegeben.

174

»Die Welt ist irgendwie, nur werden wir nie herausfinden, wie.« – Aber wo deine Autoschlüssel sind, weißt du doch? – »Na gut: Die Welt ist irgendwie, nur werden wir nie *ganz* herausfinden, wie.« – Warum willst du ganz herausfinden, wo deine Autoschlüssel sind, wenn du doch weißt, wo sie sind? Warum willst du ganz herausfinden, was es mit dem Schlaf auf sich hat, wo du nicht einmal über eine befriedigende biologische Erklärung verfügst? Wenn du »alles« über ein Verbrechen herausfinden willst, wirst du dich nicht darum kümmern wollen, wie es knirschte, als das Messer dem Opfer zwischen die Rippen fuhr. Und selbst wenn du alles über alles herausgefunden hättest, hättest du noch nicht herausgefunden, wie öde alles würde, sobald alles von allem bekannt wäre. *All About Eve*: Wer alles über Adam und Eva wüsste, könnte beide vergessen.

175

Hinter den Dingen und Prozessen, wie wir sie im Alltag und in der Wissenschaft mit Hilfe von Erfahrung und Übung, Begriff und Experiment kennen, ist überhaupt nichts. *An* ihnen und *von* ihnen lässt – oder ließe – sich vieles Weitere erkennen. Das ist alles. – »Aber muss nicht, wer von einem auf die eine oder andere Weise *zugänglichen* Sein spricht, auch von dem noch *zugangslosen* Sein sprechen? Nimmt er nicht doch ein Sein an, das unabhängig von allem Sehen ist?« – Was wäre daran seltsam? Du nimmst ja auch an, dass es Tiere in deinem Garten gibt, die du nie gesehen hast! Was aber sollte das »Sein« anderes sein als die Vielfalt der Dinge und Ereignisse, die man erkennen kann, auch wenn man von den meisten von ihnen keinen Schimmer hat? – »Aber auch das Unerschlossene muss doch gedacht werden können! Auch es existiert doch!« – Nun, das Unerschlossene ist eben unerschlossen. – »Aber es ist doch auch irgendwie beschaffen und muss in dieser seiner Beschaffenheit in Rechnung gestellt werden können!« – Dass etwas und alles irgendwie beschaffen ist, ist kein Grund, ein Irgendwie zu erschaffen, das allem anhaftet. Das Unerschlossene ist so beschaffen, wie wir es erkennen würden, wenn wir es denn erkennen könnten. – »Wenn aber niemand es je erkennt, dann hat es aber trotzdem diese und jene Verfassung.« – Aber sicher, nur wissen wir davon nichts. Der Begriff einer Verfassung jedoch ist sinnlos ohne den einer wenigstens möglichen Erfassung. Die uns unbekannten Objekte haben Beschaffenheiten, die wir nicht kennen. Um diese Beschaffenheiten aber zu *denken*, müssen wir ein *Erkennen* ihres Beschaffenseins denken. – »Aber heißt das nicht, dass wir immer nur die ›Innenseite unserer Markierungen‹ sehen können?« – Warum denn das? Was wir erkennen können, erkennen wir mit Hilfe unserer Sinne und Zeichen, aber das heißt doch nicht, dass wir nur unsere Sinne und Zeichen erkennen!

176

Der Gedanke an Gott ist keine moralische, sondern eine theoretische Fiktion: die eines Ortes, von dem aus alles sichtbar, vernehmbar, erkennbar wäre. Nur wäre dies kein Ort, da er überall und nirgends wäre. Nur wäre dies kein Vernehmen, da ihm der Einlass durch einige wenige Sinne fehlte. Nur wäre dies kein Erkennen, da ihm die Unbestimmtheit fehlte, die den Hintergrund aller Bestimmtheit bildet. Wer alle Grillen hört, kann keine einzige hören. Wer alle Fakten kennt, hat keins von ihnen erfasst. Wer alles weiß, weiß nicht das Geringste. Allwissenheit wäre Unwissenheit.

177

Allwissend soll auch der Laplacesche Dämon sein, der in allem nur ein kausales Räderwerk, dafür aber das kausale Räderwerk in allem zu erkennen vermag. Er wurde erfunden, um die Freunde einer über den Dingen schwebenden Freiheit in Angst und Schrecken zu versetzen, was ihm ganz gut gelungen ist; er soll das Gruseln darüber lehren, was es heißt, in einer kausal geschlossenen Welt zu leben, in der nichts ohne materielle Ursache geschieht. »Für solch eine Intelligenz würde nichts ungewiss sein, und Zukunft wie Vergangenheit lägen offen vor ihren Augen.« Ein echtes Jahrmarktsversprechen. Wie die Besucher einer Kirmes, die mit Unglaublichem unterhalten sein wollen, treten wir bereitwillig in das Zelt der wissenschaftlichen Weltweisheit ein. Wir machen die Probe. Unser Dämon müsste wissen, warum Oliver Kahn im Endspiel der Fußballweltmeisterschaft zwischen Brasilien und Deutschland im Jahr 2002 in Yokohama einen so entscheidenden Fehlgriff tat oder warum Kant in der zweiten Auflage der *Kritik der reinen Vernunft* nicht länger vom »Ding«, sondern von »Dingen« an sich spricht. Fragen wir ihn! Naturgemäß sind seine Antworten trivial. Kahn fing den Ball nicht, weil seine Muskeln sich nicht so bewegten, dass er ihn hätte festhalten können, Kant hielt an seiner Redeweise nicht fest, weil sein Gehirn nicht so schaltete, dass es ihm weiterhin möglich gewesen wäre. Worin *das* seine Ursache habe, wollen wir wissen. Nun, fährt der Dämon fort, das habe seine Ursache, wie könnte es anders sein, in Myriaden weiterer Ursachen, die er gerne, wenn wir so viel Zeit übrig hätten, bis zum Urknall für uns nachbeten könne. Wären wir dann klüger? Wüssten wir besser, was *die Ursache* der beiden Ereignisse war? Nein, denn als wir nach der Ursache fragten, wollten wir etwas Bestimmtes wissen, und mit etwas Bestimmtem kann einer, der alles auf einmal überblickt, nun einmal nicht dienen. Alles zu wissen ist nicht sonderlich informativ. Wir wollten eine Erklärung haben und erhalten einen Sack ins Unendliche ineinandergreifender Ursachen. Ins Unendliche ineinandergreifende Ursachen aber erklären gar nichts, denn sie erklären alles. Jede brauchbare Erklärung hingegen hört irgendwann auf. Wer keine begrenzten Interessen hat, hat gar keine, weder in theoretischer noch in praktischer Hinsicht. Wer kein begrenztes Wissen hat, hat überhaupt keines, weder über sich noch sonst ein Subjekt.

178

»Aber die Zukunft«, könnte ein anderer Besucher der Schaubude einwenden, »vergiss die Zukunft nicht! Hier eröffnet sich dem Dämon ein Feld des Wissens, das uns grundsätzlich verschlossen bleibt! Da er die kausalen Konsequenzen von allem und jedem kennt, weiß er schon heute, wie alles ausgehen wird. Er kennt die Ergebnisse der kommenden Spielzeit, er liest in den Werken künftiger Denker, er sieht die Filme der Urenkel von Francis Ford Coppola.« – Gar nichts weiß er davon. Weil ihn die Welt nichts angeht, kann er nicht wissen, wie es hiermit und damit ausgehen wird.

Er kennt nur den Gang, nicht den Ausgang der Dinge. Ausgehen – oder sich ausgehen, wie die Österreicher sagen – kann etwas, ein Spiel oder ein Buch, eine Politik oder ein Schicksal nur für jemanden, der inmitten von Möglichkeiten steht, die er nicht alle hat und nicht alle sieht, und daher weiß, wann etwas zu Ende ist. Vom Glück und Schrecken des Endens aber weiß der Dämon nichts; für ihn ist alles mit allem verbunden, und alles, was er kennt, ist diese Verbindung. *Keines* der Dinge kennt er daher, die wir fürchten und schätzen. Er kann weder schätzen noch wertschätzen, da der arme Teufel in dem Glauben gelassen wurde, alles zu wissen. Ein Dämon aber, der, nur weil er alle Kausalketten auf einmal überblicken könnte, glaubte, alles vor sich zu haben, hätte sie nicht alle.

179

Dass nichts ohne materielle Ursache geschieht, ist ein Grundsatz, auf dem unser Weltvertrauen beruht. Ohne ihn wären wir verloren; wir müssten den Lauf der Dinge als ein Durcheinanderpurzeln unkalkulierbarer Effekte verstehen. Auch wenn er uns manchmal so vorkommt (aber doch nur, wenn *wir* uns leiblich oder seelisch in freiem Fall befinden), so könnte uns doch gar nichts vorkommen, wenn es nicht als Wirkung anderer Vorkommnisse begreiflich wäre, gleich in welchem Maß wir diese Vorkommnisse kennen. Das Wirken der Natur hält den Laden zusammen. Auch in *unserem* Wirken ist es jederzeit zugange. Aber *seine* Beschreibung allein beschreibt nicht, was mit uns geschieht – es sei denn, diese Beschreibung nähme alle die Erzählungen in sich auf, die erlebende Wesen davon geben können, wie ihnen geschieht, was ihnen geschieht.

180

Eine Sprache, die es mit allen Sprachen aufnehmen, weil sie alle in sich aufnehmen könnte – noch so eine Allmachtsphantasie.

181

Jede der Unterscheidungen, die wir treffen, verweist auf viele weitere, ohne die sie nicht treffen könnte, was sie trifft – und diese verweisen auf immer weitere weitere, für die ihrerseits das Gleiche gilt. Aus diesen Unterscheidungen und den Regeln ihrer Verknüpfung zu Sätzen und Schlüssen sind unsere Gedanken gemacht. Unterscheidungen zu beherrschen und Gedanken formen zu können bedeutet, sich in einem Fluss sprachlicher Distinktionen zu bewegen, der von niemandem reguliert werden kann, auch wenn er sich nur dank der sprechenden und denkenden Tätigkeit aller bewegt.

182

Der Gedanke einer vollständigen Bestimmtheit der Welt ist vom Gedanken des Gedankens nicht zu trennen, für den es eine vollständige Bestimmtheit weder gibt noch geben kann.

183

Wen die Welt nichts angeht, kann nicht wissen, was in ihr vorgeht.

184

Leicht können wir einen Standpunkt jenseits unserer selbst imaginieren, doch von einem jenseits aller Jemande verstehen wir nichts. Jeder denkbare Blick ist ein Blick von irgendwo.

185

Erstens, sagte Gott – er liebte die klare und geordnete Rede –, erstens, sagte er, finde ich das gut – er lobte gern, wie es sich für einen Gott gehört –, und zweitens, sprach er, gefällt es mir auch. Er teilte sich den Menschen gerne mit.

Gut, sagte Gott, und band sich eine Krawatte um – denn er mochte Krawatten (eine der wenigen glücklichen Erfindungen, die meine Leute gemacht haben, pflegte er zu sagen) –: gehen wir einen trinken. Denn er trank nicht gern allein.

Wenn es einmal so weit ist, sagte Gott, möchte ich keine Reden hören, obwohl er Reden liebte; denn was wären das für Reden, sagte er, ohne einen Bezug auf mich.

Gott wurde zugetragen, dass es jetzt Maschinen gäbe, mit denen man jederzeit an einem anderen Ort sein könne. Ich kenne das, sagte er, es ist für Kinder. Die Sache lohnt sich nur, wenn man, wie ich, jederzeit an allen Orten gegenwärtig sein kann.

Gott schaute einem Fußballspiel zu. Das gefällt mir, sagte er, wie sie den Ball alles entscheiden lassen.
Einmal las Gott ein Buch, in dem es hieß, einen Gottesstandpunkt gäbe es nicht und könne es nicht geben, nicht für Menschen, nicht für Sonstige, auch nicht für Gott selbst. Da wunderte sich Gott, was ihn freute. Denn das passierte ihm nicht oft.
Gott ließ sich die Haare schneiden. Ich bin doch kein Kahlkopf, pflegte er zu sagen, schließlich hat mich Michelangelo mit Haar und Bart gemalt.
Gott wurde gefragt, was er vom kategorischen Imperativ halte. Ist ganz in meinem Sinn, sagte er, auch wenn die Formulierung besser sein könnte. (Ich bin gern konsequent, fügte er hinzu, aber man muss nicht immer *konsequent* konsequent sein wollen.)
Gott wurde gefragt, wer denn der größte Dichter sei. Wann und wo?, fragte er. – Na, überhaupt! – Er nannte den Namen. Wir kannten ihn nicht. – Er solle ein Gedicht aufsagen. Na schön, sagte er: »Das Rote ist rot / Das Blaue ist blau / Das Grüne ist grün.« Ob nicht etwas von Hölderlin, Brecht oder sonst einem der üblichen Verdächtigen besser sei als das? Ich glaube nicht, sagte Gott.
Ob er glaube, dass er der Größte sei, wurde Gott gefragt. Wie bitte?, sagte Gott. Die Frage wurde wiederholt. Ich glaube nicht, sagte Gott.
Ich kann da nichts tun, sagte Gott immer wieder. Ich sehe, was ich sehe, ich höre, was ich höre. Das ist alles. Es genügt mir völlig, eine Figur zu sein, nichts weiter – eine Figur, die Möglichkeiten hat, die keiner sonst hat, eine Figur, die da ist, wo immer sie ge-

braucht wird. Mehr habe ich nie gewollt, denn ich habe nie gewollt.

186

Ein vollkommenes Gedicht ist so vollkommen, wie ein Gedicht nur sein kann; es spricht das meiste nicht aus.
Eine vollkommene Abhandlung nimmt von aller Vollständigkeit Abstand; sie lässt auf jeder Seite Fragen offen.
Ein vollkommener Mensch wäre so langweilig, dass er sich nicht einmal langweilen könnte.
Nur das vollkommene Chaos befriedigt unsere Sehnsucht nach Perfektion.

187

»Ich will es wissen«, sagen wir, und zeigen damit die Entschlossenheit, etwas um den Preis des Scheiterns zu versuchen. Nimmt man den Gefallen am Scheitern weg, verschwindet auch der Anspruch auf Wissen.

188

Im Denken stellen wir unsere Worte zu Sätzen zusammen, die wahr oder falsch sind unabhängig davon, was wir für wahr oder falsch halten. Die Zusammenstellung liegt an uns, ihre Wahrheit hingegen nicht.

189

Die Begriffe, auf die wir uns festgelegt finden oder festgelegt haben, binden uns, solange wir uns nicht von ihnen entbinden. Sie sind unsere, die wir so oder anders gebrauchen können. Wenn wir sie aber auf eine bestimmte Weise gebrauchen, das Wort »Tisch« für Tische, das Wort »Stuhl« für Stühle, das Wort »Busch« für Büsche, das Wort »Baum« für Bäume, das Wort »Grille« für Grillen, das Wort »grün« für Grünes, das Wort »Elektron« für Elektronen, das Wort »Positron« für Positronen, dann sind wir durch diesen Gebrauch dazu bestimmt, Stühle »Stühle«, Büsche »Büsche«, Grillen »Grillen«, Grünes »grün« und Positronen »Positronen« usf. zu nennen.

190

Passivität der Wahrnehmung: Die Welt greift nach den Worten, die wir für ihre Zustände haben. Wer in einer Sprache zu Hause ist und folglich über die entsprechenden Prädikate verfügt, kann in vielen Situationen gar nicht anders, als dieses Gras als grün, dieses Telefon als läutend, diesen Apfel als sauer, diesen Ball als rund zu vernehmen. Diese Begriffe zu beherrschen bedeutet, in Situationen der Wahrnehmung von ihnen beherrscht zu werden. Neue Begriffe zu erwerben oder zu bilden bedeutet, auf veränderte Weise durch die Welt ansprechbar zu sein. Wahrnehmungsbegriffe haben Konsequenzen, denen sich die, die sie haben, nicht verschließen können; andernfalls haben sie sie nicht begriffen. Es sind die jeweiligen Zustände

der Welt, die solchen Worten eine Macht über unsere Aufmerksamkeit verleihen – eine Macht aber, die dem System der Unterscheidungen entliehen ist, das wir als Verwender einer Sprache unterhalten. Etwas als etwas wahrzunehmen heißt, begrifflich durch die Erscheinungen der Dinge bestimmt zu sein.
Anders beim Handeln. Auch wenn ich nicht anders kann, als die Ampel als rot wahrzunehmen, kann ich doch anders, als das Auto zum Halten zu bringen (und habe manchmal sogar einen Grund dafür). Das Signal der Ampel enthält eine Aufforderung, der ich folgen oder mich verweigern kann. Das rote Licht allein fordert gar nichts von mir; es bewirkt, dass ich, der ich die Farbbegriffe kenne, es als ein rotes Licht sehe. Verweigern kann ich mich dem nur, indem ich meine Augen davor verschließe. Eine Verkehrssünde dagegen kann ich sehenden Auges begehen.

191

Aus Zagreb kommend, wo Ende März der Frühling sich regte, flog ich seinerzeit nach Dubrovnik. Als ich bei der Landung aus dem Fenster schaute, sah es neben der Landebahn so aus, als läge da Schnee, was nicht sein konnte, wie ich mir sagte, »Wir haben März!, Im Norden schon war es mild!« Trotzdem, mein Denken kam gegen das Urteil meines Sehens nicht an. Das *ist* Schnee, redete dieses mir ein und zwang mir die Folgerung auf, dass es über Nacht aufgrund eines dramatischen Kälteeinbruchs plötzlich geschneit haben müsse. Es dauerte die paar Sekunden, die das Flugzeug brauchte, um seine Fahrt zu bremsen, bis ich mich von diesem sturen Wahrnehmungsglauben befreien konnte. Was ich für Schnee gehalten hatte, entpuppte sich als heller Beton. Ich musste *gesehen* haben, dass es so war, um mit vollem Herzen *glauben* zu können, dass es nicht anders sein konnte. »Ich hätte es wissen müssen«, sagte ich mir – nicht aber: »Ich hätte es sehen müssen.« Denn vieles sieht nun einmal für einen Augenblick oder aus einem Blickwinkel ganz anders aus, als es ist. Daher das Misstrauen in unser vernehmendes Begreifen, das jedoch bodenlos würde, würden wir ihm keine zweite Chance geben. Unseren Sinnen misstrauen können wir nur, wenn wir bereit sind, ihnen zu trauen. Unser Denken kann uns nur leiten, wenn wir bereit sind, uns von der Welt beeindrucken zu lassen.

192

Aber *muss* ich mich denn beeindrucken lassen? Und: Muss ich mich *so* beeindrucken lassen, wie es auch die anderen tun – zum Beispiel im Gebrauch derselben Worte? Wenn ich mich *erkennend* beeindrucken lassen will, bleibt mir nicht viel anderes übrig; wenn ich es nicht will, bleibt mir ohnehin keine andere, nämlich gar keine Wahl. Im Erkennen muss ich mich auf Begriffe einlassen, die ich mit anderen teile oder doch teilen kann; einen verbindlichen und darin bestimmten, für den Verwender verständlichen Gebrauch von Begriffen gibt es nur da, wo wir uns in ihrem Gebrauch anderen gegenüber verständlich machen können.

Wer eine Bestimmung gibt, muss sich zugleich auf die sachlichen Konsequenzen dieser Bestimmung einlassen, andernfalls hat er keine gegeben. (Meine für Sekunden bestehende Überzeugung, dass da Schnee liegt, *verlangte* nach der weiteren, dass es vor kurzem geschneit haben muss.) Dieser Logik von Begriffen und Überzeugungen nicht zu unterliegen kann niemand wollen. Zum einen aus logischen Gründen: Etwas auf diese Weise »wollen zu können«, setzt schon die Fähigkeit voraus, sich im Denken Alternativen vorzustellen, wozu es begrifflicher Mittel bedarf. Zum anderen aus praktischen Gründen: Niemand kann wollen, für sich und andere unverständlich zu werden; wer ohne Logik auskommen will, sucht sein Heil in der Demenz.

193

Weil wir einander und uns selbst verstehen wollen, deswegen befolgen wir und deswegen gibt es »die Gesetze der Logik«. Zugegeben, wir folgen ihnen nicht immer, aber in der Regel halten wir uns an sie (oder versuchen es doch), weil wir, solange wir von uns und einander überhaupt etwas wollen, ohne sie nicht auskommen können.

194

Nur auf dem Rücken der Logik können wir Scherze mit ihr treiben.

195

Wer A sagt, muss auch B sagen – solange jemand den Wunsch hat, mit seinen Meinungen sich selbst und anderen gegenüber verständlich zu bleiben. Diesen Wunsch muss man nicht immer und überall haben. Ein Dichter, der die Fahnen klirren lassen will, kann A und non-B sagen, auch wenn B aus A folgt. Der Wunsch nach einer unerhörten Sprache erlaubt es ihm, das Gebot einer glatten Verständlichkeit außer Acht zu lassen. Die Suche nach dieser Sprache gibt ihm einen Grund, die Regeln der Logik zu suspendieren.
Jemand, der sich A vornimmt, muss sich daranmachen, B zu tun – jedenfalls solange er der Überzeugung ist, dass A-Tun B-Tun verlangt und er sich A ernsthaft vornimmt, also dem Verlangen nach A den Vorrang gegenüber anderen Wünschen gibt. So viel Konsequenz muss auch der Dichter zeigen, der die Logik seines Schreibens über die Launen der Logik stellt.

196

Also *kann* ich doch anders, als die üblichen Worte zu gebrauchen oder die naheliegenden Schlüsse zu ziehen! Aber sicher. Wie sonst könnte uns etwas Neues einfallen, wie sonst könnten wir unser Wissen und Wollen im Dichten und Denken variieren. Um jedoch anders zu können, muss man können. Können heißt, auch anders zu können. Wer sich nicht auskennt, wer sich seiner Sache nicht wenigstens teilweise sicher ist, wird von ihr aus kaum zu einer anderen, vorerst noch unbestimmten kommen, an die zu verschwenden sich lohnt.

Im Unbestimmten allein tut sich nichts auf. Interessant wird es erst, wo es unser Bestimmen umringt und umgarnt.

197

Anders können und nicht anders können – beides kommt in Kombination.

198

Normen sind keine Naturgesetze. Eine eherne Norm, die weder verfehlt noch übertreten werden könnte, wäre keine. Es liegt im Begriff einer Norm, dass man ihr absichtlich oder unabsichtlich zuwiderhandeln kann. Es liegt im Begriff des Bewusstseins von Normen, dass man einigen, aber nicht allen zuwiderhandeln kann. Wer nicht weiß, was und wie Normen gebieten, und wer nicht viele von ihnen ohne alle Überlegung beherzigt, kann sich ihrem Gebot nicht dann und wann impulsiv oder mit Bedacht widersetzen – und weder von anderen noch von sich selbst verlangen, einige unter ihnen zu befolgen und anderen die Gefolgschaft zu verweigern.

199

Wer sich bestimmten Regeln verweigert, weigert sich, sich von ihnen bestimmen zu lassen – wofür es gute Gründe geben kann. Keine Gründe aber kann es dafür geben, sich allen Normen zu widersetzen. Würden wir uns denen, die unsere Begriffe regieren, nicht weitgehend unterwerfen, bekämen wir keinen einzigen Grund zu fassen; wir könnten keinen teilen und keinen bestreiten. Würden wir denen, die das übrige Zusammenleben regeln, nicht teilweise folgen, könnten wir keine Kritik an der Form dieses Lebens üben. Nur wer Gepflogenheiten und Verpflichtungen mit anderen teilt, kann sich ihnen mitteilen – nicht zuletzt dadurch, dass er ihnen zu verstehen gibt, was er nicht zu teilen und wobei er nicht mitzumachen bereit ist.

200

Wer *etwas* bestimmen kann, kann auch *sich* bestimmen und also versäumen, durch sich und die Welt bestimmbar zu sein.

201

Wir unterliegen nicht nur der Schwerkraft, dem Wirken der Viren, der Macht von Normen, der Gunst und dem Neid der anderen, sondern auch unserem eigenen Urteil. Gerade weil wir selbst es sind, die es gefällt haben, kann es uns mit besonderer Härte treffen. Wer urteilt, riskiert Verurteilung. Dass andere mir sagen, dass ich grob im Unrecht bin, mag noch angehen, solange ich es nicht von mir selbst sagen oder schlimmer noch, wie Ödipus, feststellen muss, dass ich das Urteil über mich schon längst gesprochen habe. Fähig zu sein, dem eigenen Urteil zu folgen, Mündigkeit, schließt die Gefahr der Selbstentmündigung ein.

202

»Ich möchte kein falsches Urteil abgeben.« Das geht nicht. Mit Enthaltungen kommt keiner durch, nicht einmal in der harmlosesten Unterhaltung.

203

Irgendjemand muss das Urteil fällen: die Geschworenen, der Richter, die Jury, die Prüfungskommission, der Kritiker, der Statiker, der Satiriker, der Mechaniker, der Koch, der Schneider, die Eltern über ihre Kinder, die Kinder über ihre Eltern. Sie alle müssen sich eine Meinung über dieses und jenes bilden und diese von Fall zu Fall äußern; sie müssen etwas zum Fall machen und hiervon auf andere Fälle schließen. Wer urteilt, verurteilt auch. Wer urteilt, steht in der Gefahr, ein falsches Urteil zu treffen. Jede Kultur ist eine Kultur des Urteils. Jede Kultur ist eine Kultur der Verurteilung. Jede Kultur ist eine Kultur von Urteilen, die auch die Herrschenden ereilen können. Im Urteil bereits liegt der Keim der Gewaltenteilung. Keiner hat sein Urteilen völlig in der Gewalt. Nicht nur können unsere Urteile auf uns selbst zurückfallen, dank der Gründlichkeit der Logik und eines unergründlichen Weltlaufs können sie zudem Konsequenzen haben, die unsere Kontrolle weit übersteigen. Im Akt des Urteilens gibt jeder von der Macht etwas ab, die er mit ihm in Anspruch nimmt.

204

Nicht das Urteil ist herzlos, nur das herzlose ist es. Das herzlose ist eins, das nur einen Parameter kennt – sei es die eigene Macht oder das eigene Herz.

205

Enthaltung ist möglich. Aber auch sie ist eine Haltung, für die man einstehen muss. Enthaltsamkeit – gegenüber dem Urteilen und anderen Exzessen – setzt Teilnahme und Distanz, Einsatz und Widerstand, Differenz und Indifferenz und also Urteilsfähigkeit voraus.

206

Vielleicht deswegen müssen wir schlafen, um unserem eigenen Urteil für eine Weile enthoben zu sein. Selbst der Traum aber hält die Maschinerie des Urteilens und Beurteiltwerdens in Gang, jedoch mit leerlaufendem Getriebe. Er gewährt uns ein Moratorium der Kontrolle über uns; Nacht für Nacht lassen wir die Besinnung sein.

207

Nahrung, Sex, ein paar leichte Läufe – unsere Triebe sind schnell zu beruhigen; es ist der von ihnen angefachte Geist, der keine Ruhe gibt.

208

Ein Ton macht dich fertig, viele Töne wiegen dich in den Schlaf.

209

Das Alter – jene Müdigkeit, gegen die kein Schlaf mehr hilft.

210

Im Alter wird noch die Nacht zu einem Pensum, das bewältigt werden muss.

211

Wenn gar kein Pensum mehr da ist, wird alles zu einem.

212

Im Narkoseraum des Krankenhauses sind die am frühen Morgen nüchtern herbeigeschafften Patienten mit lokalen Betäubungen versorgt worden. Jetzt liegen sie in ihren fahrbaren Betten und harren der Wirkung der sedierenden Gifte, derweil die Schwestern in einer Nische ihre Kaffeemaschine in Gang setzen. Es täte ihnen leid, sagt eine von ihnen im Vorbeigehen, uns dürften sie nun einmal nichts anbieten. Sie packen ihre Pausenbrote aus und vertiefen sich in einen veritablen Firmenklatsch, bis der Duft sich verzogen hat und die Produktion empfindungsloser Körperpartien weitergehen kann. Der Pfleger, der mich wenig später in den OP schiebt, so wittere ich mit Neid und Entrüstung, hat gerade eine geraucht.

213

Injektion eines Schlafmittels: Schon spüre ich, wie die Müdigkeit in alle Ritzen meines Körpers dringt. An diesen Tod werde ich mich gerne erinnern. Man fürchtet nur den, der keinen Rückblick erlaubt.

214

Der Kleine, am Ende seines Mittagsschlafs, liegt hingegossen auf der Schulter von Mama, die ihn zu sich ins Bett trägt, Arme und Beine baumeln selig herab, er legt sich aufs Kissen, mit dem Rücken zu ihr, schließt wieder die Augen, schläft nicht ganz wieder ein, lässt sich kraulen, streicheln, bereden, wendet den Kopf hin und her, räkelt und aalt sich, genießt sein provisorisches Glück mit der Bewusstlosigkeit des Schlafenden und doch im Bewusstsein, erwachend zu sein.

215

Erwachsene – Erwachende.

216

Manchen Älteren wird das Schnarchen zu einer Kunst, die es ihnen erlaubt, Schlafen und Wachsein miteinander zu verbinden. Vom eigenen Laut geweckt, hören sie sich schlafen und lassen sich von ihrem Atem wieder in eine tiefere Ruhe wiegen.

217

Wir schlafen, um … – das wäre nur die halbe Wahrheit. »Ich will schlafen«, sagt der erschöpfte Mensch ebenso wie der ausgeruhte, der *weiter*schlafen will. Sich auszuschlafen ist eine Form des Rauschs, die der Gesundheit so abträglich sein kann wie jeder andere auch.

218

»Schlafen«, sagt die junge Japanerin auf ihrer Pilgerreise nach Memphis in Jim Jarmuschs Film *Mystery Train*, »ist wunderbar. Und wenn man tot ist, kann man nicht mehr schlafen, also nie mehr träumen.« Der Schlaf ist oft dem Tod angeglichen worden und dieser dem Schlaf; in Wahrheit sind sie Antipoden. Im Schlaf leben wir uns aus, um bei Tag wieder etwas Ruhe zu finden.

219

Das Tuckern der Schiffe bei Nacht: Die Welt sagt dir, dass es noch woandershin geht.

220

Er sieht aus wie ein von allen bösen Geistern verlassener Pate im Kino, der noch einmal mit einer letzten Warnung davongekommen ist. Das Gesicht ist durch die Schwellung vergrößert, ein Streifen verkrusteten Bluts reicht von der Stirn bis zum Mund, die Augen sind trübe von Schlaf, Schmerz und Tabletten, wie bei manchen Tieren im Zoo, die, wohin sie auch sehen, in eine öde Weite blicken. Dabei ist mein Vater nur gestürzt, er weiß nicht wie. Einen Moment lang ist er klar, dann dämmert er weg wie ein Süchtiger, den am Wachsein nur das Wegtreten reizt.

221

Jedes Leiden schafft Genüsse eigener Art.

222

Das Versprechen aller Drogen, seien es Schmerzmittel, Alkoholika, Anabolika, Rauschgifte oder philosophische Systeme, lautet: Du wirst auf der sicheren Seite sein. Die Sucht beginnt, sobald wir daran zu glauben beginnen: sobald wir uns wünschen, einmal nur oder wenigstens einmal im Monat, in der Woche, am Abend, am Morgen, in der Stunde – und schließlich ein für alle Mal aus dem Schneider zu sein. So genossen, bewirken die Mittel, die das Leben lindern und lockern sollten, das Gegenteil; sie machen uns starr. Auf der sicheren Seite wartet allein der Tod.

223

Sucht ist ein Getriebensein, das nichts mehr sucht.

224

Out of duty: Das Kind schreit, aber ich weiß es versorgt, das Telefon klingelt, aber ich gehe nicht ran, draußen herrscht reges Treiben, aber die sollen mal ohne mich auskommen. Sich das, wofür man eigentlich zuständig wäre, für eine Weile nichts angehen zu lassen – leichter findet man nicht in einen gestohlenen Schlaf. Das schlechte Gewissen darüber, dass die anderen weiter an Deck sind, polstert das Lager der eigenen Unbelangbarkeit.

225

Anders als im Überlegen halten wir im Schlaf in allem Tun inne; wir überlassen unserem Leib die weitere Steuerung des Geschehens. Im Überlegen dagegen halten wir den Gang der Dinge wenigstens ein paar Sekunden lang offen – um zu sehen, was sich hinter der nächsten Ecke unseres Meinens und Verlangens verbirgt. Legen wir uns hin, geben wir weder unser Meinen noch unser Verlangen, wohl aber die Konfigurierung unseres Meinens und Verlangens auf. Der Magnetismus des Schlafs schaltet den schwachen Magneten des Denkens aus, der unser Spüren und Streben am Pol unseres Wissens und Wollens auszurichten versucht.

226

»Was macht sie?« – »Sie schläft.« Gar nichts macht sie; sie nimmt eine Auszeit auch von den Episoden eines belebenden oder belastenden Nichtstuns; sie gönnt sich eine Pause auch von den Auszeiten ihres sonstigen Lebens oder wird überwältigt von einer Erschöpfung, die ihr alles Übrige gleichgültig werden lässt. Der Schlaf schenkt ihr eine Pause oder erzwingt sie, nach der die Arien der Freude und Verzweiflung wieder beginnen.

227

Es gibt Kinder, die umso weniger schlafen wollen, je müder sie sind. Sie wehren sich gegen das Verblassen ihrer Welt, da sie noch nicht wissen, dass deren Farbe nur aus ihrem unaufhörlichen Verblassen entsteht.

228

Der Schlaf ist eine tägliche, bei manchen mehrmals tägliche Übung im Lassen. Ohne diese könnte keine andere gelingen. Denn gelingen kann nur, was sich auf die eine oder andere Weise fügt, wie viel die Handelnden auch hinzufügen mögen. Noch ihre kühlsten Planungen müssen die Unbekannte ihrer Ausführung in Rechnung stellen. Gelingen ist nicht zu machen.

229

Der Schlaf ist ein Gefährt, das uns durch unbekannte Zonen in eine vage bekannte führt. Es tut dies verlässlicher als alle anderen. Erholt, erschöpft oder gerädert – immer kommen wir an, bis auf das eine Mal, über das wir uns nicht mehr beklagen können.

230

Die große Blende der Müdigkeit: Wie viel einem in durchgehender Klarheit verbrachten Leben unsichtbar bleiben müsste!

231

In einer schattenlosen, überall ausgeleuchteten Welt könnte sich das Denken nicht bewegen. Es hätte dort nichts zu suchen. Es könnte sich dort auf nichts verlassen. Es gäbe dort nichts zu überlegen. Es wäre dort keine Frage, was alles in allem wofür spricht. »Alles in allem« liefe dort immer auf dieselbe Gleichung hinaus, während es im wirklichen Denken jedes Mal eine andere ist. In einer durchsichtigen Welt hätte das Denken nichts auszuzeichnen und könnte daher sich nicht auszeichnen gegenüber einem blinden Reagieren auf einen blinden Verlauf.

232

Wer überlegt, prüft eine Angelegenheit daraufhin, was von ihr zu halten und wie sich zu ihr zu verhalten sei.

Im Vordergrund steht mal eher das eine, mal eher das andere. Immer aber geht es um beides: Denken ist ein Verhalten dazu, wie bestimmte oder noch unbestimmte Verhältnisse sind oder sein sollen. Es sondiert, was angesichts eines Problems überhaupt in Betracht kommt, was bedeutsam sein könnte für eine Lösung, es stellt Annahmen zusammen, die hierfür von Gewicht sind, prüft ihre sachliche und logische Kraft und zeichnet am Ende diejenigen aus, die nach dem ihm bekannten Stand der Dinge den Ausschlag geben. Zwar kann es phantasierend jederzeit über den ihm bekannten Stand der Dinge hinausgehen, aber sobald es dies tut, unterscheidet es wiederum ernstzunehmende von abwegigen Möglichkeiten des Dafürhaltens und Handelns und eruiert auch damit doch wieder einen Stand wahrscheinlicher und unwahrscheinlicher, zuträglicher und abträglicher Gelegenheiten. Das ist die Aufgabe des Denkens: nicht bei dem stehenzubleiben, was bekannt und präsent ist, was bislang machbar und denkbar schien. Immer hadert es mit dem Lauf der Welt. Es versucht, ihn zu bremsen oder zu beschleunigen; es bemüht sich, ihn schneller zu machen, als er ihm entgegenkommt, und langsamer, als er auf es einstürzt.

233

Ein Gedanke sollte zu mir passen: dazu, wovon ich ansonsten überzeugt bin – und dazu, worüber er ist, sei das die Natur von Gedanken oder das Wetter von morgen. *Ich* muss ihn begreifen und ich muss ihn *begreifen*;

ich muss *glauben*, dass es so ist, und es sollte so *sein*, wie der Gedanke es sagt. Weder Überzeugtsein allein noch Wahrheit allein genügen für die Aneignung eines Gedankens. Schließlich habe ich Gedanken, die mich nicht überzeugen, solche, deren Wahrheit ich nicht beurteilen kann, ganz zu schweigen von denen, die ich habe, obwohl sie schlicht falsch sind, und erst recht von denen, die mir lieb und teuer sind, obwohl ich fürchte oder ahne, sie könnten abwegig sein. Auch ist nicht jeder Gedanke, der mir gerade durch den Kopf geht, einer, den ich tatsächlich habe; doch um einen Gedanken zu haben, um an ihm etwas zu finden, um ihn nicht loslassen zu können, um ihn sich so eingefangen zu haben, dass *er* einen nicht loslässt – dazu muss man weder von ihm überzeugt, noch muss er überzeugend sein. Gedanken sind Wesen, die uns beschäftigen, die bewältigt sein wollen, mit denen wir im Clinch liegen und mit denen wir uns versöhnen können. Mit ihnen versöhnt sind wir, wenn wir uns von ihrem Wert und ihrer Wahrheit haben überzeugen können. Ist dieser Zustand erreicht, so lässt ihr Reiz für das Denken nach. An für wahr gehaltenen Gedanken allein hat das Überlegen auf Dauer keine Freude. Es will sich auch mit solchen unterhalten, die es anziehen und abstoßen. Das tun die irrlichternden besser als die, die matt in einem klaren Licht erstrahlen.

234

Jesus hatte nur Augen für Maria, die ihm lauschend zu Füßen saß und dabei keinen Finger rührte für die

Vorbereitung des Festmahls, die ganz ihrer Schwester Martha überlassen blieb. So achtlos verhält sich auch das Denken gegenüber den Gedanken, auf die es sich verlassen kann.

235

Die meisten Wahrheiten sind nutzlos. Wen außer einigen Fetischisten interessiert schon die genaue Länge des Grases in ihrem Vorgarten? Viele der hilfreicheren Wahrheiten sind auch nicht so anziehend, wie man es sich von den wahren Dingen des Lebens erhofft. Im Beherzigen von Bedienungsanleitungen erfüllt sich der Anspruch des Denkens nicht. Gedanken sind nicht nur Propositionen, Darstellungsstücke, und nicht nur Prothesen, Geh- oder Greifhilfen, sie sind auch Expositionen, Ausstellungsstücke: Sie schmücken, verzieren, erhellen, verdunkeln, verengen, erweitern den Raum, in dem sich das Denken bewegt. Der Sinn des Habens von Gedanken liegt auch im Haben von Gedanken, die wir noch nicht haben.

236

»Denken wir, weil es sich bewährt hat, zu denken?«, fragt Wittgenstein einmal. – Nun, wir denken, weil wir nicht anders können, als im Denken immer auch anders zu können. Darin bewährt es sich: Es gewährt uns glorreiche wie verheerende Möglichkeiten, die wir anders nicht hätten.

237

Alles Denken steht unter dem ungeheuren Einfluss der übrigen Welt mitsamt dem übrigen Denken. Aber es wäre kein Denken, wenn es diese Einflüsse nicht filtern könnte. Die eigenen Überzeugungen, Neigungen, Abneigungen, Interessen und Desinteressen bilden eine dichte, aber durchlässige Textur, durch die der Reizstoff neuer Gedanken hindurch muss, um in den Kreislauf des künftigen Denkens zu gelangen. Der Filter aber, der das bewerkstelligt, entstammt keiner Originalfertigung; so etwas gibt es hier nicht. Er gehört zu jener »naturbraunen«, aus Altmaterial angefertigten Sorte, für die alles verwendet wurde, was für den Durchlauf der Reflexion zugleich Dichte und Durchlässigkeit verbürgt: das aus Zeitungen, Büchern, Radio und Fernsehen Aufgenommene nicht weniger als das Fürwahr- und Fürwerthalten von Eltern, Onkeln, Tanten, Kindern, Enkeln, Nachbarn, Chefs, Untergebenen, Geliebten und Gehassten, perforiert durch Eingebungen und Traumata, zusammengehalten durch das Bindemittel der Idiome und Sprachen, auf die die Überlegenden noch im Versiegen ihres Denkens hören. Um ein Serienprodukt freilich handelt es sich hierbei nicht. Denn der Filter des Denkens ist bei jedem aus Fasern gewirkt, die sich in dieser Mischung bei keinem anderen finden und deren Zusammensetzung sich mit jeder Überlegung schon wieder verändert.

238

Unser Überlegen geht nicht auf eigenes Überlegen, unser Wünschen nicht auf eigenes Wünschen, unser Wollen nicht auf eigenes Wollen zurück; es beginnt und endet mit einer Aneignung und Abwandlung dessen, worum es anderen zu einer anderen Zeit ging.

239

Nur im Strom kann man gegen ihn schwimmen.

240

Man stellt sich Gründe gern als Gedankendinge vor, die in einer eigenen Sphäre hausen. Nichts wäre falscher. Sie lagern und lauern an allen Ecken und Enden der bekannten wie der noch unbekannten Wirklichkeit und haben eine Basis nicht selten in unserem leiblichen Befinden. Gründe sind von dieser Welt. Sie sind Zustände oder Ereignisse, die von denen, die reden und überlegen können, *als* Gründe verbucht, vorgebracht und abgewogen werden können: sei es für das Haben einer Meinung, sei es für das Ausführen einer Handlung. Als Gründe *wirksam* werden diese Umstände in der Form von Meinungen darüber, wie etwas ist oder sein soll. Aber nur die wenigsten dieser Gründe *sind* geradewegs Meinungen. Es sind Zustände der Welt, deren *Erkenntnis* für Handelnde zum Grund dafür wird, dies zu glauben und jenes zu wollen. Die Welt ist der Grund dafür, dass wir die Welt ändern wollen. Doch ohne Wesen, die sich aus Gründen orientieren können, gäbe es keinen Grund, auch nur ein Jota am Gang der Welt zu ändern.

241

Schwierige Besitzverhältnisse.
Man kann einen Grund haben, ohne die entsprechende Überzeugung zu haben: »Er hätte allen Grund, zum Arzt zu gehen« bedeutet, dass der Betreffende allen Grund für einen Arztbesuch *hat*, sich jedoch weigert, ihn sich zu eigen zu machen.
Man muss eine bestimmte Meinung haben, um *für sich selbst* einen Grund zu haben: »Ärzte – grrrr.«
Um anderen oder sich selbst einen Grund zu *geben*, muss man eine entsprechende Meinung formulieren: »Du solltest mal zum Arzt gehen.«
Meinungen, die niemandes Meinungen wären, gibt es nicht; selbst Romanfiguren, die mit Ansichten daherkommen, wie sie sich sonst nicht finden, sind Wesen, denen wir diese Ansichten zuschreiben können. Gründe hingegen kann es geben, obwohl noch niemand sie als Gründe anerkannt hat. Dass es unsinnig ist, Linkshänder in der Schule zu Rechtshändern zu trimmen, war richtig, bevor die Pädagogen sich eines Besseren besannen, ebenso wie es richtig war, die Sichtbarkeit zuerst der Masten und danach des Rumpfs entgegenkommender Schiffe als Indiz für die gekrümmte Oberfläche der Erde zu verstehen, längst bevor jemand diesen Schluss zog. Es gibt gute Gründe, die niemals in Betracht gekommen, und solche, die

längst in Vergessenheit geraten sind. Aber dies sind Gründe, die *noch nicht* oder *nicht mehr* zugänglich sind; ohne ihre prinzipielle Zugänglichkeit für überlegende Lebewesen gibt es sie nicht. Gründe gehören uns nicht, aber sie gehören zu uns. Ihr Potential kann brachliegen, aber es ist unser Potential.

242

Wer überlegt, will sich auf einen Satz oder Vorsatz verlegen – will finden, was er tun oder glauben soll. (Wer sagt, »ich habe nur so überlegt«, nimmt das Resultat seiner Überlegung einstweilen zurück.) Beim Denken geht es darum, wie zu denken und handeln richtig ist. Es beweist und bewährt sich an der Umsicht, mit der es seine Ziele verfolgt und verändert. Es gibt auch hier nichts Gutes, außer man tut es. Wer es nicht tut – wer zu seinen Sätzen und Vorsätzen nicht steht und sich ihren Konsequenzen nicht stellt –, unternimmt freilich oft nichts Böses, sondern unterlässt es, der eigenen Klarheit zu Hilfe zu kommen. Trägheit ist eine der ersten unter den Sünden der Vernunft.

243

»Du denkst zu viel!« ist oft ein berechtigter Hinweis für das Handeln in welchem Strafraum auch immer. Wer zu viel – zur falschen Zeit, an falscher Stelle, mit falschem Aufwand – denkt, vergibt Chancen, die sich ohne Überlegung hätten nutzen lassen. Übereifer steht dem Laster der Trägheit nur wenig nach.

244
Sich auf einen Satz oder auf einen Vorsatz zu verlegen ist nicht ganz dasselbe. Der eine artikuliert eine Ansicht, der andere eine Absicht. Ein Satz ist eine Meinung, die sich aus anderen Meinungen ergibt und für andere spricht. Eine Meinung zu bilden hat den Sinn, diese Meinung zu haben. Ich füge sie dem Schatz meiner Meinungen hinzu, oder es fügt sich, dass sie ihn bereichert. Ein Vorsatz ist ein bekräftigtes Bestreben, dies oder das zu tun. Einen Vorsatz zu haben hat den Sinn, ihn auszuführen. Ist er begründet, so stützt er sich auf die Ansicht, dies zu tun sei gut, eine Ansicht, für die weitere Überzeugungen sprechen, die angeben, warum die Sache sich lohnt oder warum sie geboten ist. Ein Vorsatz ist Ausdruck eines puren oder begründeten Bestrebens, dem die, die es haben, folgen wollen. Folgen sie ihm, so folgen sie *sich*, ihrem eigenen, sei es unwillkürlichen, sei es willkürlichen, sei es begründeten, sei es unbegründeten Bestreben. Ist kein Bestreben da oder löst es sich in Luft auf, so folgt gar nichts; die Ausführung der Handlung unterbleibt. Anders bei Sätzen. Aus ihnen folgt etwas, ob ich dies nun bedenke oder nicht. Diese Folgerung ergibt sich auch, wenn ich sie nicht eigens gezogen habe. Absichten dagegen habe ich nur, wenn ich einem Drang, den ich habe, auf die eine oder andere Weise, kurz- oder langfristig, stattgebe. Ich habe mich entschieden – ich gebe einem Vorsatz grünes Licht (oder unternehme nichts weiter dagegen). Dieses Geben aber ist zugleich ein Nehmen. Ich nehme etwas auf, bedenke es oder bedenke es nicht, modifiziere es oder modifiziere es nicht, an dem mir schon liegt.

245

Wem an nichts gelegen ist, kann sich auf gar nichts verlegen – nicht einmal auf bloße Meinungen, da auch diese nur hat, wer ihnen im Denken und Handeln folgen oder nicht folgen kann (ob er's nun merkt oder nicht).

246

Wer überlegt, will sich durch sein Urteil bestimmen lassen. Andernfalls bräuchte er damit gar nicht anzufangen. Sich durch sein *Urteil* bestimmen zu lassen bedeutet, sich durch *sein* Urteil bestimmen zu lassen – durch das, wofür in dieser oder jener Sache aus der eigenen Sicht alles oder vieles spricht. Damit etwas aber überhaupt so und nicht anders, also auf eine bestimmte, von anderer Bestimmtheit abgehobene und doch ihr gegenüber offene Weise erscheinen – und gerade mir so erscheinen – kann, muss ich in der Lage sein, zu erwägen, wie es hiermit und damit in dieser oder jener Hinsicht steht. Könnten wir nicht erwägen, hätten wir keine Wahl.

247

Es gibt Leute, die dann und wann überlegen, im Unterschied zu anderen, die es nur selten, anderen Lebewesen, die es mit sehr viel geringerer Reichweite, solchen, die es gar nicht, und den vielen Dingen, die überhaupt nichts tun. In diesem vielstufigen Komparativ besteht das Faktum der Freiheit. Freiheit ist längst bewiesen, nämlich ausgeübt, wenn ihre Existenz oder Nichtexistenz bewiesen werden soll.

248

Auch wenn wir uns als unfrei denken, denken wir uns als denkend und darin als frei.

249

Alles Überlegen hat zwei Ziele: das begrenzte, sich über dies und das klarzuwerden, und das unbegrenzte, die eigene Freiheit zu betätigen und zu behalten – nüchterner, reicher, wilder, zarter, leiser, lauter, verhaltener, verwegener bestimmbar zu sein, als andere Lebewesen es sind. Wir denken nicht nur, um einen besseren Durchblick zu haben, sondern weil wir Denkende sind, die an starren Zuständen nur selten Gefallen finden. Gleichklang und Gleichmaß, Wiederkehr und Wiederholung brauchen wir so sehr wie andere Wesen, doch ohne die Variationen, ohne die Musik des Denkens müssten wir verkümmern, mag es auch oft nur Fahrstuhlmusik sein, deren Programm wir gelegentlich mit freien Improvisationen, dem Lied der Sirenen, dem *sound of silence* unterbrechen.

250

Vernunft ist die Sklavin der Leidenschaften, sagt Hume, und was sonst sollte sie sein. Ihre Aufgabe ist es, uns bei Laune zu halten – uns zu betten, wenn wir müde sind, uns wachzurütteln, wenn es an der Zeit ist, uns zu führen, wenn wir nicht weiterwissen, uns zu verführen, wenn wir teilnahmslos werden. Nicht einer Leidenschaft gehorcht sie, sondern vielen. Das verleiht ihr Macht. Auf die Stimmen des Begehrens zu hören heißt, sie nicht verstummen, sie miteinander kommunizieren zu lassen, ihren Reigen mal zu beschleunigen, mal zu verlangsamen, die lähmenden zu bremsen, die alten zu hegen, die neuen zu pflegen, die lärmenden zu besänftigen, die schlummernden zu wecken, die tötenden zu töten. Von ihnen beherrscht zu werden heißt, über sie zu herrschen. Divide et impera: Diese Sklavin versteht ihr Handwerk so gut wie jeder andere Potentat. Vernunft ist die Regentin der Leidenschaften, sagt Platon deshalb, und was sonst sollte sie sein. Doch alle Regie ist vergebens, wenn das Ensemble nicht mitzieht. Tragen nicht alle Mitglieder das Ihre bei, geht die Vorstellung daneben. Macht ist hier Ohnmacht und Ohnmacht Macht. Als Sklavin der Leidenschaften ist die Vernunft Moderatorin, als Moderatorin Generatorin, als Generatorin Dienerin von Kräften, die nicht ihre sind, doch ohne die sie nichts wäre, während diese ohne sie zwar nicht nichts, dafür aber auf verlorenem Posten wären.

251

Überlegung und Neigung, Gründe und Leidenschaften bilden keinen Gegensatz. Gründe sind Agenten unserer Leidenschaften; ihre Aufgabe ist es, zwischen ihnen zu vermitteln. Diese Vermittlung kann scheitern. Die Opposition, erst recht der offene Konflikt zwischen »Vernunft« und »Leidenschaft« aber ist keiner zwischen Vernunft (dem Vermögen der Gründe) und Leidenschaft (dem Drang des Begehrens), sondern zwischen *Bündnissen* beider: zwischen Leidenschaften und ihren Gründen, zwischen Gründen mitsamt den Leidenschaften, in deren Namen sie sprechen. Immer stehen Leidenschaften gegeneinander, wo Gründe, und Gründe, wo Leidenschaften aufeinanderprallen. Dass ihre Bündnisse oft geheim und verquer ausfallen, macht die Sache erst spannend. Ihre Auflösung würde die Leidenschaft *und* die Vernunft zum Schweigen bringen. Ihre Aufklärung bringt manchmal veränderte – und manchmal verbesserte – Verhältnisse hervor. Ob dies und wie dies auch geschieht: Bei rationalen Wesen treten Leidenschaften im Kontext von Gründen und diese im Kontext von Leidenschaften auf. Rationalität ist nicht in erster Linie Bändigung, sondern Billigung der Leidenschaften: Ohne solche, die wir billigen können, könnten wir keine einzige zügeln.

252

Unsere Gründe formen unsere Wünsche, unsere Wünsche unsere Gründe.

253

Wer nichts wünscht, kann nichts wollen. Wollen aber kann nur, wem die eigenen Wünsche nicht egal sind, wer Wünsche in Bezug auf seine Wünsche hat. Das allein aber reicht noch nicht, denn auch Wünsche in Bezug auf unsere Wünsche haben wir viel zu viele. Deswegen sind Fürsprecher nötig, die bestimmten unserer Wünsche den Rücken stärken, damit wir merken, welche unserer Wünsche wir vor allem erfüllt sehen wollen. Fürsprecher dieser Art sind praktische Gründe. Sie bewerten das, was uns etwas wert ist. Wer keine Gründe dieser Art hat, hat keinen eigenen Willen; ihm ist es egal, wohin ihn seine Wünsche führen.

254

»Ich liebe das« – »Ich hasse das«: Stärkere Gründe als diese Affekte haben wir selten. »Warum tust du das?« – »Ich liebe / ich hasse ihn.« – Wenn das keine Gründe sind! Aber Gründe haben es an sich, dass sie Gegengründen standhalten müssen; jeder gute Grund muss früher oder später durch dieses Feuer hindurch. »Du liebst ihn / du hasst ihn gar nicht«, könnte jemand antworten, oder: »Er ist deine Liebe / deinen Hass nicht wert«, oder: »Deine Liebe / dein Hass macht dich blind.« Liebe und Hass geben dem Leben eine Richtung, aber es sollte die richtige Richtung sein – keine, mit der wir uns unsere Liebe verstellen und uns im Hass zerstören, keine, die uns eisern auf eine Richtung festlegt; eine, die uns befähigt, der Anteilnahme fähig zu bleiben.

255

Unsere leitenden Interessen gehen nicht aus Überlegung hervor. Sie stellen sich unwillkürlich ein. »Es interessiert mich nun einmal (nicht)«, sagen wir, wenn sich andere erstaunt darüber zeigen, worauf wir unsere Zeit verwenden. Warum verlangt es mich nach Kriminalromanen, nach einer großen Familie, einem eigenen Garten, einem nutzlosen Geländewagen, nach den Weiten der Wüste? Warum lassen mich Berge, Börsengeschäfte, Extremsportarten, Platons ungeschriebene Lehre und die Feinheiten der Orchideenzucht kalt? Weil ich so bin, wie ich geworden bin. Dahinter kann keine und keiner zurück. Aber an meinen Interessen kann ich Interesse nehmen oder auch nicht – ich kann mich um sie kümmern oder sie verkümmern lassen, im Namen anderer, die mir vielleicht wichtiger sind als die Freude an nutzlosen Autos. Ohne vitale Interessen, die ich habe, ist alles Bemühen um richtiges Bemühen vergebens. Denn ich kann kein Bemühen einstellen, ohne dass sich ein anderes einstellt. Darum können wir nicht bestimmen, wer wir sind. Darum können wir nicht entscheiden, wer wir sein wollen. Entscheiden können wir nur, *inwieweit* wir die sein wollen, die wir sind. »Ich möchte nicht *so* sein« – dies ist ein sinnvoller Impuls, sobald und solange er von einem anderen getragen wird, der da lautet: *so* möchte ich sein. Ohne Affirmation gibt es keine Kritik – weder an der Welt noch an uns selbst. Nur wenn wir uns für uns entscheiden, können wir uns gegen uns entscheiden. »Ich möchte nicht M. S. sein« – dies zu wollen wäre sinnlos, auch wenn der

Name sich immerhin ändern ließe; wer überhaupt will, muss hinter einem Bestreben stehen, das ohne seinen Willen besteht. Nur wer keine Wahl hat, hat die Wahl.

256

Eine Person, die ruhigen Herzens beschließt, ihr Leben zu beenden, tut dies nicht, weil sie sich loswerden, sondern weil sie in ihrem Leben die Person gewesen sein – und in diesem Sinn bleiben – möchte, die sie jetzt noch ist.

257

Um nur *einen* Wunsch, *eine* Absicht, *eine* Überzeugung zu haben, muss man viele haben. Mehr noch: Um nur eine Überzeugung zu haben, muss man viele Wünsche und Absichten, um nur eine Absicht, viele Überzeugungen und Wünsche, um nur einen Wunsch, viele Absichten und Überzeugungen haben. Keine Überzeugung, die nicht insgeheim ausdrückt, was wir zu wissen wünschen. Kein Wunsch, der nicht verbunden wäre mit dem Gedanken seiner Erfüllung. Keine Absicht, die nicht direkt oder indirekt die Realisierung eines Wunsches wäre. Kein Wunsch, der nicht vorrangig, gleichrangig oder nachrangig neben anderen Wünschen, keine Absicht, die nicht im Kontrast zu möglichen und tatsächlichen anderen stünde, keine Überzeugung, die nicht mit tatsächlichen und möglichen anderen verbunden wäre. Nimmt das denn kein Ende? Nein. Wir haben Wünsche vor dem Hintergrund von Absichten, Überzeugungen und Wünschen, Überzeugungen vor dem Hintergrund von Wünschen, Absichten und Überzeugungen, Absichten vor dem Hintergrund von Überzeugungen, Wünschen und Absichten. Nur zusammen mit unbestimmt vielen können einige von ihnen auf etwas Bestimmtes zielen. Die Unbestimmtheit der einen trägt die Bestimmtheit der anderen. Das hört nicht auf. Im Denken, Wünschen und Wollen gibt es kein logisches Ende, sowenig es einen logischen Anfang gibt. Zeitlich gesehen mag es letzte Gedanken, Wünsche oder Absichten geben. Aber noch ihre Äußerung ist ein Solo vor dem Rauschen eines verklingenden Orchesters, das seiner Stimme einen unfasslichen Rückhalt gibt.

258

Sogenannte letzte Gründe fassen nur zusammen, was uns in einer Sache alles in allem am richtigsten erscheint. Sie sind nicht der Felsen, auf dem alles ruht, da sie, eben weil sie Gedanken sind, ihrerseits auf vielem beruhen. (Etwas, auf dem »alles« beruht, kann es ohnehin nicht geben, denn dann fehlte dem Allen das Etwas; etwas dagegen, auf dem »alles *Weitere*« beruht, ist bloß eins unter vielem, von dem allerlei abhängt, das seinerseits etwas ist, auf dem vieles andere beruht.)

259

Wir haben keine Mitte. Im privaten oder politischen Leben mögen wir danach suchen und dabei auf verschlungenen Wegen einen Sinn für eine oder unsere Mitte entwickeln, aber was wir so finden, wird immer am Rand eines anderen Zentrums stehen, nach dem wir uns sehnen.

260

Gründe sind schön und gut, sie liegen überall zahlreich bereit, aber zum Leben braucht es mehr, nämlich weniger – Beweggründe. Das sind diejenigen, die ein Teil der Form sind oder dazu werden, in denen es mir um etwas geht, und zwar so, dass mir alles andere gegen den Strich geht. Ich würde nie einen Aufsatz mit dem Wörtchen »ich« beginnen, ich könnte meiner Tante nie ins Gesicht sagen, wie egozentrisch sie sich benimmt (da sie mir leid tut und ich sie trotz allem mag), würde nie meinem Kind nicht gute Nacht sagen, nur weil gerade ein Fußballspiel läuft, das mich brennend interessiert, ich würde nie einen Aufruf unterschreiben, in dem von »Asylanten« die Rede ist. Gefragt, warum mir gerade das so wichtig ist, werde ich einfache Sachen sagen wie: Das ist schlechter Stil, so ist Tante Mira halt, das ist immerhin mein Kind, das sind Leute, die Asyl suchen. Zwar ließe sich lange darüber reden, ob das Grund *genug* ist, sich so und nicht anders zu verhalten; aber für mich, so wie ich bin oder zu sein glaube, gibt es da nichts zu verhandeln. Natürlich *könnte* irgendeine Erfahrung bewirken, dass meine

Reflexe sich ändern; aber *heute* kann – oder will – ich nicht sehen, wie dies sollte geschehen können. Meine Überzeugungen in diesen Hinsichten sind zu Affekten und meine Affekte zu Überzeugungen geworden; sie lassen sich nicht nur nicht trennen, ich will nicht, dass es anders wäre – dass ich bei Gelegenheiten wie diesen von etwas anderem bewegt würde. Solche Einstellungen geben nicht allein meinem Handeln, sie geben *mir* eine Form. Höhere Prinzipien habe ich nicht als jene, deren Vernachlässigung ich einfach daneben finde.

261

Hier stehe ich und kann nicht anders: Nichtkönnen und Nichtwollen sind manchmal nicht zu trennen. So wie ich mich sehe oder verstehe, ist das für mich nicht zu machen: ein Merkmal des stärksten wie des schwächsten Willens.

262

Ein Indikator für das, was uns ohne Vorbehalt liegt, sind ästhetische Reaktionen, mit denen wir einander in spontaner Regung zeigen, was uns gefällt und widerstrebt – und wie wir uns widerstreben und gefallen. Alle Beweggründe haben eine ästhetische Dimension: An ihnen zeigt sich unser Geschmack an den Dingen des Lebens.

263

Kunst (und manchmal auch Philosophie) ist ein Experiment mit unseren Reflexen: wie es wäre, wenn wir nicht diese, sondern ganz andere hätten, wie es wäre, wenn anderes Denken und Fühlen, wenn andere Menschen oder eine andere Zeit uns geformt hätten – wie es wäre, wenn wir aus unserer Haut heraus könnten. Daher der natürliche Konflikt zwischen Kunst und Geschmack: Die Werke der Kunst brechen mit der guten Ordnung unserer mächtigsten Gründe. Sie erinnern uns daran, dass es auch im Sichersten keine Sicherheit gibt. Wir verlassen uns auf unsere Reflexe und müssen es tun, obwohl wir wissen, dass wir nicht ihnen allen und keinem für immer trauen dürfen.

264

Philosophieren heißt, den Impuls, »es ist alles falsch, was ich denke«, nicht zu unterdrücken, ihn aber anzuwenden auch auf diesen Impuls. (Jedem Gedanken die Gegenrechnung präsentieren.)

265

Wie bildet man Beweggründe aus, wie polt man sie um? Durch Erfahrung oder sonst etwas, das wir mit uns geschehen lassen, am besten im Kino, beim Lesen, im Streit mit anderen, im Kampf mit einer Aufgabe, in unseren Träumen bei Tag und bei Nacht. Worte allein tun es nicht, aber ein bisschen etwas tun kann man schon. Wie jede kluge Pädagogik beginnt die Erziehung unserer selbst bei Motiven, die wir haben. Diese werden ins Feld geführt gegen andere, die wir haben, jedoch nicht – oder nicht so stark – haben möchten. Wie führt man Motive »gegeneinander ins Feld«? Man überlegt, welche einen unter welchen Umständen am besten leiten, probiert, ob diese einen tatsächlich zu leiten vermögen, schaut, unter welchen Bedingungen sie sich verstärken lassen, beschließt, es auf diesem Weg weiter zu versuchen – und hofft, dass alles das wirkt. Das hat etwas von Alchimie, aber so ist es nun einmal. Die richtige Legierung von Gründen und Gefühlen bedarf lebenslanger Experimente. Es gilt, Präferenzen entstehen zu lassen, von denen wir glauben können, dass wir sie zu bejahen und bewahren vermögen. Pflege der Affekte gehört zur Arbeitsbeschreibung praktischer Überlegungen. Nicht umsonst überschlafen wir unsere wichtigen Entscheidungen, um nach dem Aufwachen zu sehen, ob die Kräfte, die zu ihnen führten, wenigstens acht Stunden lang halten. Nur das regelmäßige Abblenden unseres Bewusstseins hält uns von den schlimmsten Verblendungen fern.

266

Den Antrieben ihren Lauf lassen – kein schlechter Anfangsbegriff der Freiheit. Er benennt den Drang nach Bewegungsraum, den alle empfindenden Wesen mit dem Lebenstrieb vieler Pflanzen teilen. Hobbes billigte diese Freiheit sogar dem Wasser zu, wegen seiner Tendenz, sich auszubreiten, wohin immer es kann. Doch strebt es auf Erden nur in eine einzige Richtung, nach unten, und kennt daher die Spannung zwischen einem metaphorischen »oben« und »unten«, zwischen Vermeidung und Erfüllung, Erwartung und Enttäuschung nicht. Es kennt sie nicht, weil es gar nichts kennt und nach gar nichts strebt, sondern einfach der Natur seines elastischen Stoffs unterliegt. Lebewesen haben es etwas weniger leicht, ihre Richtung zu finden, da sie auf die eine oder andere Weise eruieren können und darum eruieren müssen, was für sie günstig ist (anders als das Wasser können sie ausweichen oder umkehren, wenn es etwas zu vermeiden gilt). Erst recht jene Lebewesen, die über ihre Situation weit hinauszublicken vermögen und deshalb oft widerstrebende Antriebe haben und mit ihnen zu hadern haben, weil diese zu ungestüm oder zu wenig energisch nach Veränderung drängen – erst recht diese Lebewesen stehen vor der Schwierigkeit, unter den wählbaren Optionen wenigstens eine der günstigeren zu ergreifen. Ungehindert zu handeln reicht für sie nicht. Wollen sie *ihren* Antrieben folgen, müssen sie *einem* oder *einigen* ihrer Antriebe den Vorrang und dabei nicht selten solchen eine vorübergehende Vorfahrt geben, die für sie selbst ganz nachrangig sind oder denen zu folgen ihnen in hohem Maß widerstrebt (man denke nur an den Gang zum Zahnarzt). Wesen, die anders als das Wasser Antriebe und anders als das Gänseblümchen eine Vielzahl von Antrieben und ein Bewusstsein von ihnen haben, wären nicht nur nicht frei, sondern würden zugrunde gehen, würden sie allen ihren Impulsen folgen. Aber das können sie gar nicht. Denn sie können – und weil sie es können, müssen sie – unter den ihnen tatsächlich oder vermeintlich erreichbaren Situationen und damit unter den ihnen wichtigsten Antrieben wählen. Sie müssen dies selbst und müssen es nach für sie selbst relevanten Gesichtspunkten tun, wenn sie nicht durch äußere und innere Umstände bloß getrieben sein wollen.

267

Wer seinen Antrieben einen Lauf lassen will, muss dies auch seinen Gedanken erlauben.

268

Kein Mensch könnte ungehindert handeln; sobald ihm gar nichts mehr im Weg stünde, wüsste er weder aus noch ein.

269

Das hättest du lassen können, bekomme ich zu hören, nachdem ich mich bei einem Vortrag ständig, wie einst Humphrey Bogart in *The Big Sleep*, am Ohrläppchen gezupft habe. Weil ich das auch hätte lassen können, war die manierierte Geste eine mir zurechenbare Handlung. Die pure Existenz alternativer Möglichkeiten hingegen verbürgt unsere Verantwortung für unsere Handlungen nicht. Wenn sich auf der Straße, die ich bei Nacht in moderater Geschwindigkeit entlangfahre, auf einmal ein Loch auftut, in das mein Auto stürzt, würde niemand sagen, ich hätte es absichtlich da hineingelenkt, nur weil es mir *möglich* gewesen wäre, den Weg vorher auf allen Vieren abzutasten. Wo Freiheit anfängt und wo sie aufhört, liegt in unserem Ermessen. Nur was man in einer jeweiligen Lage vernünftigerweise hätte bedenken und beachten können, zählt bei der Zurechnung des Handelns. Zum Glück müssen wir oft gar nichts bedenken, sondern dürfen uns bei dem, was wir aus freien Stücken tun, auf unsere Routinen und Reflexe verlassen. Wie weit wir das aber dürfen, steht grundsätzlich immer in Frage – und nur solange es in Frage stehen kann, sind wir aus freien Stücken dabei.

270

Frei handelt nicht allein, wer klug handelt, sondern wer – handelt: wer immerhin *so* klug ist, gelegentlich andere als die eingeschlagenen Wege in Betrachtung und Erwägung zu ziehen und also wenigstens ein wenig in einem Konjunktiv zu leben. Einfach so, grundlos, kann nur handeln, wer irgendwelchen und manchmal auch guten Gründen zugänglich ist. Willkürlich handeln kann nur, wer auch anders kann. Wer aber anders kann, kann, darf und soll ruhig auch mal willkürlich handeln. (Gerade im Schreiben ist manchmal die Willkür die Kür.)

271

Nur der Spielraum des Denkens eröffnet die Möglichkeit, auf alle Gründe zu pfeifen, was bekanntlich zu den besonderen Genüssen der Selbstbestimmung zählt.

272

Für Gründe gleichwelcher Art taub ist nur, wer auf sie hören könnte. Moralisch, ästhetisch oder sonstwie blind ist nur, wer sehen könnte, aber nicht sehen will, was unter den Menschen zählt.

273

Das Vermögen, *sich* machen zu lassen, ist es, was uns zu Handelnden macht. (Zu handeln bedeutet, sich gehenzulassen; wer »sich gehenlässt«, lässt das dabei übliche Maß an Vorsicht fahren.) Das Zutrauen, der eigenen Nase zu folgen, liefert die Grundlage dafür, am eigenen Urteil zu zweifeln. Der Glaube, ein Urteil zu haben, schafft die Möglichkeit, jedes bisherige Urteil außer Kraft zu setzen. Ohne eigenes Urteil könnten wir nicht mal eine Soße abschmecken. Ohne die Fähigkeit, eine Soße oder sonst etwas abzuschmecken, hätten wir keinerlei Urteil. Ohne einen Geschmack für gut und schlecht, richtig und falsch wären wir ohne Hinsichten, die wir durch Gründe aufklären könnten. Gründe verbessern unseren Geschmack – unser Gefallen und Missfallen – am Zustand der Welt.

274

Was tue ich hier? Ich lasse mich treiben – von Punkt zu Punkt, Nummer zu Nummer, bis ich finde, dass ich etwas gefunden habe.

275

Ich beginne den Überblick zu verlieren. Erst wenn der Text sich mir gegenüber selbständig macht, weiß ich, dass er es wert ist, weitergeschrieben zu werden. Ich warte auf die Momente, in denen das Buch den Wall meiner Ideen durchbricht.

276

Wer schon wüsste, was und wie er denken wird, bräuchte sich die Mühe nicht zu machen. Wer denkt, will, dass im Denken etwas Unvorhersehbares geschieht. Diese Liebe zum Überraschtwerden ist das Privileg der Denkenden, weswegen allein sie es sind, die sich an den Qualen der Liebe erfreuen.

277

Unbefangen überlegen kann nur, wer sich in den übrigen Tätigkeiten des Lebens ein wenig auskennt, wie es sich auf Dauer kaum vermeiden lässt – wer abspülen, das Laub rechen, eine Glühbirne wechseln, mit Kindern herumtollen, ein Geschäft abwickeln, um eine geliebte Person werben kann. Manche Berufsdenker vergessen, was alles und wie sie es können, sobald sie vor ihrem Rechner sitzen, der sie abschirmt von den Pflichten des Tages. Sie vergessen, dass sie tollen und tanzen, spülen und spielen können und verlieren sich mittellos im Raritätenladen des längst vorgedachten Lebens. Der Alltag ist die Urquelle aller Phantasie, auch und gerade der theoretischen: Wer sich dort nicht verausgabt, wird es auch hier nicht vermögen.

278

Alles Denken weicht der Welt für einen Augenblick aus. Es vermeidet die frontale Aktion, es packt nicht gleich zu, es traut nicht einmal den eigenen Ansichten über den Weg. Diese Verlegenheit (und manchmal Verlorenheit) des Denkens – seine Scheu und Schüchternheit, sein Zögern und Zaudern, sein Innehalten und Verweilen – ist der Preis seiner unvergleichlichen Gabe. Es hält uns davon ab, uns zu schnell, zu leicht, zu sehr in Sicherheit zu wiegen.

279

Denken ist nicht einfach eine Aufnahme von Überzeugungen, wie sie sich in der Wahrnehmung ständig, und auch nicht nur eine Übernahme, wie sie sich beim Zeitunglesen häufig vollzieht. Im Denken eignen wir uns eigene und fremde Meinungen an. Wir prüfen die Beziehungen, die sie untereinander und zur Welt unterhalten. Indem wir diese Beziehungen prüfen, verändern wir sie. Denn jeder Gedanke daran, dass diese oder jene Meinung richtig ist, verändert den Haushalt der Überzeugungen, die zu den unsrigen zählen. Eine einzelne Überzeugung können wir gar nicht unterschreiben. »Diesen Gedanken kann ich unterschreiben« – was wir so nennen, ist ein Eingliedern eines Gedankens in den Zusammenhang einer unbestimmten Zahl weiterer Überzeugungen, die wir auf die eine oder andere Weise mitbekommen oder uns zusammengereimt haben. Ich mache einen Gedanken zu *meinem*: das ist die ganze Kunst. Ich bilde mir ein Urteil, das in anderen meiner Urteile einen Fürsprecher findet, die ihrerseits von dem unhörbaren Chor meiner übrigen Überzeugungen getragen werden.

280

Wir kennen das Gefüge unserer Überzeugungen so wenig wie alle Winkel einer größeren Stadt – mögen wir diese noch so gut kennen. Genau genommen kennen wir den Lageplan unserer Überzeugungen noch sehr viel weniger als irgendeine Lage in der weiteren Welt. Jeder Abendspaziergang versieht uns mit einer Fülle teils rasch versiegender, teils nie registrierter Überzeugungen, die niederzuschreiben bis ans Ende unserer Tage dauern würde. (Man denke nur an all die Negationen, die sich im Lauf dieser halben Stunde bewahrheitet haben: da ist kein Ufo gelandet, da war kein Braunbär unterwegs, da war kein Saxophon zu hören, da legte kein Schiff sich quer, da bot mir keine ihre Juwelen an ...) »Durchforste diese Stadt!« – angesichts einer solchen Aufforderung wüssten wir vielleicht noch, was zu tun wäre. »Geh Deine Überzeugungen durch!« – so eine Bitte ließe uns ratlos zurück. Wo anfangen?, wo aufhören?, welcher Ordnung folgen? Überzeugungen haben weder ein bleibendes Zentrum noch eine feststehende Peripherie. Tragende Überzeugungen wie die, dass Straßen sich nicht aufrollen lassen wie Klebebänder, fallen uns gar nicht auf, labile wie die, dass der Schiedsrichter eine Abseitsstellung übersehen hat, halten uns nächtelang wach. Nicht jede unserer Überzeugungen wiegt gleich viel; vielen von denen, die uns mit Boden unter den Füßen versorgen, schenken wir keinerlei Beachtung; längst nicht von allen, die wir haben, machen wir einen bewussten Gebrauch. (Nicht der schäbigste Sinn theoretischen Verhaltens: Überzeugungen zu aktivieren für einen bloß möglichen Gebrauch.) Oft liegt es nicht an mir, welche Überzeugungen ich habe; sie kommen als Bonuslieferungen, gratis, in Paketen, die ich meist weder entschnüren kann noch muss. Aber sie kommen zusammen mit denen, die ich mir als meine Meinungen zurechne: deren Konsequenzen ich bewusst oder unbewusst folge oder zu folgen meine. Die Meinungen, die ich mir zuschreibe, sind Überzeugungen, auf die ich mich festlege, weil sie mich festlegen. Sie schränken den Bereich des Möglichen ein und schließen dadurch den des sinnvoll Möglichen auf.

281

Häufig wissen wir, wie etwas geht – wie ein Wetterbericht auszusehen hat, wie man den Kunden informiert, den Schlüssel ins Schloss steckt, eine Quiche backt, ein Gutachten schreibt, rückwärts einparkt, den Konkurrenten hinters Licht führt, der Liebsten eine Freude bereitet. Hier verstehen sich das Was und das Wie unseres Wollens; wir kennen die Wege und Mittel, um dahin zu gelangen, wo wir ankommen wollen. Aber dieses Wissen reicht niemals so weit, dass wir generell wüssten, wie es weitergehen soll. Sobald sich die Illusion einstellt, wir wüssten, wie es mit uns weitergehen wird, werden wir unruhig und fangen ein Denken an, das dafür sorgt, dass die Richtung nicht mehr stimmt.

282

»Die Erde ist rund.« – »Wasser gefriert bei 0 Grad Celsius.« – »Das Stadion hat 40 000 Sitzplätze.« – »Der Terror im Irak nimmt kein Ende.« – »Der Minister hat gelogen.« – »Dein Verhalten war schäbig.« – »Das war eine schöne Geste.« – »John Coltrane ist ein begnadeter Musiker.« Sind alle diese Sätze in demselben Sinn wahr oder falsch? Einerseits ja: Sie sind wahr, wenn es so steht, wie sie es sagen. Andererseits nein: Sie können nicht alle auf dieselbe Weise begründet werden – sie unterscheiden sich nach Art der Sicherheit, mit der ihre Wahrheit oder Falschheit belegt und bestritten werden kann. Dennoch sagt jeder von ihnen, sofern er wahr ist, wie es mit etwas steht, unabhängig davon, wer erkannt haben mag, dass es so ist. Aber sagen die einen Sätze nicht, wie etwas ist, während die anderen sagen, ob und wie etwas gut ist – die Erde rund, Coltrane genial? Sind das nicht zwei Paar Stiefel? Einerseits ja: Die einen sagen einfach, wie etwas ist (und stellen damit Gründe für das Denken bereit), die anderen legen ein Verhalten nahe oder schreiben es vor (womit sie Gründe für das Handeln liefern). Andererseits nein: Alle liefern sie potentielle Gründe, sich im Meinen und Machen danach zu richten, wie es sich tatsächlich verhält.

Keine dieser Arten von Sätzen führt an der Frage ihrer Richtigkeit vorbei. Denn wären wir nicht in der einen oder anderen Weise auf die Verhältnisse der Welt gerichtet, könnte uns kein Urteil über ihre Verhältnisse gelingen – und keine Überlegung darüber, wie angemessen unser jeweiliger Zugang zu ihnen ist. Hätten wir keine Übung im Sollen, hätten wir kein Wissen vom Sein.

283

Wie ein kleiner, funkelnder Diamant ist das kleine Wörtchen »wahr«, das auch in manch anderer Sprache zu den *four letter words* zählt, ins Geschmeide der Sprache eingearbeitet. Es hält unsere Schlüsse offen, auch wo es unser Meinen bekräftigt. Es macht auch dort Einsprüche möglich, wo wir unserer Sache ganz sicher sind. Zusammen mit seinem Gehilfen, dem Sechsbuchstabenwort »falsch«, prüft es die Härte und Haltbarkeit unserer Einsichten – und wehe, sie halten nicht stand. Es hält uns vom Glauben an den Besitz der Wahrheit ab. Es hält uns auf dem Kurs einer möglichen Kurskorrektur. Im Namen »der Wahrheit« ist millionenfach gemordet worden, im Namen von »wahr« und »falsch« halten wir die Erinnerung an die Opfer des Götzendiensts an absoluten Wahrheiten wach.

284

Eine Sprache sprechen kann nur, wer den Bahnen des in ihr Verständlichen folgt; wir müssen auf die Sprache hören. Aber »Bahnen der Verständlichkeit« in einer Sprache gibt es nur, weil es Sprechende oder Schreibende gibt, die in ihr, die ihnen nicht gehört, ihre eigenen Wege gehen. Sie nutzen das von niemandem konfigurierte Artikulationspotential eines Idioms auf ihre Weise aus. Es ist nicht die Sprache, die spricht; es sind die Sprecher, die etwas sagen. Ohne die Variationen derer, die sprechen, ohne ihre Coups und Flops wäre das Geschehen der Sprache nicht da, zu dem sie sich in ihrem Denken und Sprechen verhalten. Ohne das Bestimmtsein durch Sprachen gäbe es keine Bestimmung in ihr. Jede Sprache, in der wir uns bewegen, eröffnet Perspektiven dafür und darauf, wie die Welt in jeweiligen Bereichen ist. Diese Perspektiven können ihrerseits beengend oder befreiend, einseitig oder angemessen sein; aber man muss welche haben, um sie dann und wann zugunsten anderer wechseln zu können. Nur im Sprechen können wir gegen die Art unseres Sprechens angehen, nur mit Argumenten gegen die Art unseres Argumentierens, nur mit Bildern gegen unsere falschen Bilder.

285

Man kann nicht schreiben, ohne sich in und zu Gattungen des Schreibens zu verhalten. Wer immer schreibt, schreibt weiter an Sorten von Texten, die es so und anders auch vorher schon gab. Selbst wer eine Gattung sprengt, muss dafür sorgen, dass die Fetzen, die er fliegen lässt, gut sichtbar bleiben; andernfalls hat die Sprengung nicht stattgefunden. Es gibt nichts Neues unter der Sonne, denn alles Neue fängt beim längst schon Angefangenen an. In jedem Satz zittert etwas Unbekanntes mit, denn alles Neue nimmt das Alte anders auf. Alles ist schon dagewesen, aber noch nie ist etwas so dagewesen.
Wie im Schreiben verhält es sich im Denken. Auch dieses bewegt sich in Genres, die zu variieren es gar nicht umhin kann, sobald es sich bewegt. Selbst wenn es in der Spur bleibt, bleibt es nie ganz in der Spur, da es hier und da ihren Rand touchiert und damit unmerklich die bisherige Bahn verändert. Die Spur verändern – wozu sonst wären Denken, Sprechen und Schreiben da?

286

Nur das Genre gibt die Freiheit, es zu brechen.

287

Wenn dir ein Satz gelingt, ist er dir gelungen. »Das wollte ich gar nicht sagen«, äußern wir manchmal, wenn uns ein Bonmot unterlaufen ist. Zu spät. Es ist uns unterlaufen, und durch die gute Absicht wäre der Satz nicht besser geworden. »Das wollte ich nicht sagen«, meinen wir aber auch, wenn uns etwas Verletzendes über die Lippen gekommen ist. Zu spät. Das Malheur ist passiert, und unsere Absichtslosigkeit können wir nur dadurch beweisen, dass wir Erklärungen anführen und um Entschuldigung bitten. Was wir getan haben, dürfen und müssen wir uns zurechnen, ob es uns passt oder nicht.

288

Im Überlegen können wir unser Überlegen lenken und so zu einer reicheren Wahrnehmung unserer selbst und der Welt gelangen – und sei es dadurch, dass wir beschließen, das Denken für eine Weile ruhen zu lassen. Wer denkt, stellt sich, im Angesicht der jeweils zu bedenkenden Umstände, unter den eigenen Einfluss – unter den von Motiven und Gründen, die ihn im Denken und Handeln zu bewegen vermögen. Wir folgen nicht geradewegs unseren Vorlieben, sondern den Überzeugungen, durch die wir diese ausgestaltet haben: dem, was wir für richtig halten und darum meinen oder wollen. Dergleichen zu können heißt, denken zu können: zu eruieren und zu fixieren, was jeweils *mir* als einleuchtend und lohnend erscheint.

Das Urteil, zu dem wir auf diesem Weg gelangen, ist kein Akt, der zu dem Überlegen noch einmal – als Stempel oder Unterschrift – hinzukäme. Es ist der Abschluss einer Überlegung, der sich einstellt, wenn wir glauben, in ihr alles Wichtige berücksichtigt zu haben. »Ja, so ist es«; »Ja, so ist es gut«: Damit urteilen wir nicht noch einmal über unsere Urteile und Entscheidungen, sondern bekräftigen diese gegenüber den Zweifeln, die uns auch dann noch bedrängen mögen.

289

Über Richtig und Falsch entscheidet nicht das gute Gefühl allein. Das ungute ist es, worauf es im Denken ankommt. Denn das gute Gefühl liegt hier in der Abwesenheit eines unguten. Nicht die Gewissheit unserer Urteile macht uns zu dem, was wir sind, sondern die Ungewissheit, oder mehr noch, die Gewissheit der Ungewissheit, in der wir als Urteilende stehen: das Wissen, dass auch etwas anderes angemessen, dass ein anderer Satz wahr, ein anderer Vorsatz richtig sein könnte.

290

Der Körper ist das Organ meiner Zweifel und Gewissheiten, meines Behagens und Unbehagens auch in Angelegenheiten der Überlegung. Unaufhörlich speichert er Reaktionen, Affinitäten und Aversionen aller Art, mischt und trennt sie – und zeigt sie in Augenblicken an, in denen ich noch gar nicht oder längst nicht mehr von ihnen weiß. Ohne diesen Seismographen wäre unser Geist verloren. Körperlose Wesen könnten nicht denken. (Herder: »Sollte der ganze Berg unseres Erkennens ohne Gefühl zusammengetragen sein?«)

291

»Kuilt und haald, micht zusamme und verdaald« (kühlt und heilt, zieht zusammen und verteilt), hieß es im Paradies meiner Kindheit über die Wirkung des selbstgebrannten Schnapses. Abkühlen und aufheizen, zusammenbringen und verteilen – was der Alkohol dem Körper antut, gewährt dieser dem Geist.

292

Viele unserer einfachen Überlegungen vollziehen wir in einem gutmöblierten Raum, in dem das meiste seine feste Stelle hat. In jede ernsthafte, weiter reichende Überlegung – was soll ich glauben?, wer will ich sein? – dagegen begeben wir uns wie in den abgedunkelten Klangbildraum des Kinos: in ein virtuelles Geschehen, das uns nur umfängt, um uns für eine Weile gefangenzunehmen. Wir setzen uns unseren Reaktionen auf die Welt aus, in einer Ausnahmesituation, in der wir uns von allem tragen lassen, was wir überhaupt zu ertragen vermögen – um nachher, bei Licht, im Nachzittern des Durchlebten, besser zu kennen und zu erkennen, wovon wir getragen sein und was wir ertragen wollen.

293

Extremfall des Denkens – wenn es zu einer Explosion der eigenen Gedanken kommt. Nicht immer verläuft das so glimpflich wie im Gewerbe jener Sprengstoffexperten, die ein Hochhaus inmitten anderer sachte zum Niedersinken bringen. Die einstürzenden Neubauten des Geistes krachen inmitten der Metropole zur Seite und reißen ihre übrigen Wahrzeichen mit. Dann geht es zu wie in computeranimierten Actionsequenzen, in denen Häuserzeilen reihenweise in Schutt und Asche versinken oder die Infrastruktur ganzer Landstriche durch die Luft gewirbelt wird. Katastrophenfilme machen Lust auf das Beben auch des geistigen Geländes.

294

Für oder gegen meine Überzeugungen kann ich mich nicht entscheiden. Ich habe sie oder habe sie nicht. »Ich hasse mich für diese Ansicht«, wäre ein sinnloser Satz. Ebenso: »Ich mag diese Meinung nicht, aber so ist sie nun einmal.« Der Satz dagegen, »Ich sage es nicht gern, aber dafür ist kein Geld da«, kommt ohne Widerspruch aus. Man kann bejammern und beweinen, wie etwas (der eigenen Meinung nach) ist, aber man kann nicht beklagen, dass man *glaubt,* dass es so ist. Denn solange man es glaubt, glaubt man, dass es so ist, und folglich, dass es nicht am eigenen Meinen, sondern am Zustand der Welt liegt, wie die Dinge begrüßens- oder beklagenswerterweise sind. Sehr wohl bedauern kann ich hingegen, dass ich dies und das *glaubte*: »Ich war damals der Meinung, die Aktien würden steigen.« Aber dies bedeutet keine Distanz gegenüber der Meinung, die ich jetzt habe, sondern gegenüber der, die ich damals hatte. Verfluchen kann man sich für die mangelnde Sorgfalt bei der Bildung dieser Meinung, aber nicht für ihren aktuellen Besitz. Wenn mir meine jetzige Meinung Unbehagen bereitet, so klammere ich sie ein, ziehe sie in Zweifel und rücke schließlich ganz von ihr ab. Genötigt durch andere meiner Meinungen lasse ich diese eine fallen.

295

Was hat es mit dieser Nötigung auf sich? Zwingt sie mich zu einer Entscheidung gegen meine Meinung? Nein. Sie erspart mir eine Entscheidung. Wenn ich andere Überzeugungen habe, die gegen diese Überzeugung sprechen, so ist diese aus dem Feld geschlagen und es gibt nichts weiter zu tun – es sei denn, ich hätte wiederum Zweifel an dieser Widerlegung. Dann gibt es etwas zu tun, nämlich erneut zu überlegen oder genauer hinzusehen. Für oder gegen die *Prüfung* meiner Gedanken kann ich mich entscheiden, aber die Zustimmung, Ablehnung oder Enthaltung, die sich hieraus ergibt, ist keine Entscheidung. Sie ergibt sich als Folge der Wahrnehmung und des Denkens. Sie ergibt sich als leidlich verlässliche Folge, wenn wir es schaffen, beim Vernehmen und Begreifen einige Sorgfalt walten zu lassen.

296

Es gibt nicht nur eine Ethik, sondern auch eine Ästhetik des Meinens. »Mir gefällt dieser Gedanke (nicht)« – wer solchen Reaktionen nicht zugleich traut und misstraut, schnürt sich in das Korsett seiner Überzeugungen ein. Trauen müssen wir unseren Affinitäten und Aversionen, weil nur ihr mäandrierender Fluss den Humus anschwemmt, auf dem das Denken gedeiht; misstrauen müssen wir ihnen, weil sie uns nicht immer dahin tragen, wohin wir getragen werden wollen.

297

Das Richtige braucht die richtige Stelle. Eine begründete Stellungnahme zum falschen Zeitpunkt oder am falschen Ort hilft nicht viel; auch das *timing* muss stimmen. Ein Satz oder Vorsatz mag einleuchten, wie er will, er muss leuchten: muss ausstrahlen können auf die Szene des Überlegens und Vollbringens, die er verändern soll. Jede Begründung ist auch eine Sache der Choreographie.

298

Vielen praktischen Festlegungen geht eine Kurzprüfung unserer Vorsätze voraus: Sind sie in dieser Situation (noch) angebracht? Stimmen die bisherigen Gewichtungen noch? Wenn ja, wird gehandelt; wenn nein, wird gezaudert oder neu überlegt. Willensschwäche stellt sich entweder durch ein Mogeln bei der Kurzprüfung oder als ein stummer Protest gegen das Selbstverständnis ein, das ich vorher hatte und das sich nachher meist wieder einstellt. Die stabilen wie die instabilen Absichten aber manifestieren sich jedes Mal in der Art des Handelns. Hier sind sie zu Hause und hier treten sie zutage – hier sind sie, was sie sind, sofern sie keine »bloßen Absichten« sind, die nun einmal keine echten Absichten sind.

299

»Ich hasse diese Absicht!« Auch das wäre ein sinnloser Satz. Denn eine Absicht habe ich in der Weise, dass ich dem mit ihr ins Auge gefassten Vorhaben zustimme. Lehne ich dieses ab, so gebe ich die Absicht auf. Einzelne meiner Neigungen hingegen kann ich ohne Ende hassen – meine Neigung, bei jeder Gelegenheit aus der Haut zu fahren oder immer den Mund zu halten, wenn es brenzlig wird. Ich verachte mich dafür, aber ich werde diesen fatalen Hang nicht los. Immer wieder beschließe ich, dieser oder jener meiner Tendenzen nicht nachzugeben, und schaffe es dennoch nicht. Ich bringe nicht den Willen auf, den ich zu haben wünsche.

300

Wer keine Neigungen hat, die er mag, findet keinen Willen, den er will.

301

Die Entscheidung für eine Handlung ist noch nicht die Handlung selbst, sondern die Ausbildung einer Absicht. Mit dieser aber ist die Entscheidung schon gefallen; nun *habe* ich diese Absicht und habe ihr zugleich eine Stellung unter meinen anderen Absichten gegeben. Noch habe ich sie nicht ausgeführt; wenn ich aber bei dieser Absicht bleibe, *werde* ich sie ausführen. Ob ich mich entschieden habe und zu dieser meiner Entscheidung stehe, zeigt sich in der Ausführung oder Unterlassung der jeweiligen Handlung und darin, wie ich auf äußere oder innere Hemmnisse reagiere. Es gibt keine weitere Entscheidung – es sei denn eben, es kommt zu einer Revision des ursprünglichen Entschlusses oder zu einem Zurückschrecken vor ihr auf dem Fünfmeterbrett oder sonst einer Klippe des Lebens.

302

Warum aber nicht einfach der jeweils stärksten Neigung folgen, ohne sich darum zu scheren, *what the people say*? Weil das oft gar nicht die fruchtbarste Neigung – und weil es ein Gipfel der Unfreiheit wäre. Wer so handelte, wäre ein Gefangener zwar nicht der Konvention, aber der Antriebe, die ihn gerade am stärksten bewegen, und somit: ein Gefangener seiner selbst. Das Sichfreihalten von äußerem wie innerem Zwang bedarf einer Lenkung der eigenen Bestrebungen, die nicht der lautesten einfach den Zügel überlässt.

»Will therefore is the last Appetite in Deliberating«, heißt es hierzu bei Hobbes: der Wunsch, der alles praktische Bedenken überlebt und deshalb zur Handlung führt. Er setzt sich in einer gegebenen Situation gegen alle anderen Bestrebungen durch – ähnlich jenem *Last Man Standing*, den der abgebrannte Bruce Willis in einem amerikanischen Wüstenkaff inmitten konkurrierender Mafiabanden in dem gleichnamigen Film mit stoischer Grazie gibt. Der maßgebliche Wunsch stellt sich in einem *showdown* subjektiver Affinitäten und Aversionen ein, den nur eine von ihnen, wie knapp auch immer, überlebt. Dieses Überleben aber hängt von der Überlegung ab: davon, wie diese sich die erwartbaren Konsequenzen der auf den ersten Blick sei es verlockenden, sei es abstoßenden Verhaltensweisen vor Augen führt; davon, was den Handelnden, gegeben die Bestrebungen, die sie haben, schließlich am aussichtsreichsten erscheint. Der Schusswechsel, in den ihre Neigungen geraten, ist einer der Kritik. In ihm entscheidet sich, ob und in welchem Maß die Akteure das wollen können, wonach es sie unmittelbar am meisten verlangt – ob *das* die Erfüllung, der Lohn der Angst, die Mühe wert wäre, was ihnen im Augenblick als das einzig Wahre erscheint. Das Resultat dieser Überlegung kann es sein, geradewegs zu tun, wonach ihnen ohnehin der Sinn stand, genauso gut aber etwas, was ihnen bisher ganz zuwider war.

303

Handlungen sind Ausdruck der Absichten derer, die handeln. Sie hat dies getan, weil sie X wollte; sie wollte X, weil sie glaubte, dass X ein wünschbarer und darüber hinaus erreichbarer Zustand sei. Handlungen haben Gründe, wie gut oder schlecht diese aus der Perspektive anderer auch sein mögen. Selbst wenn wir sagen, »sie wusste nicht, was sie tat«, nehmen wir an, dass sie glaubte, etwas Sinnvolles zu tun, solange wir überhaupt annehmen, dass sie mit Absicht unterwegs war und also gehandelt hat.

304

Manchmal gehen wir aus Versehen, bedenkenlos oder nach dem Grundsatz *no risk, no fun* mit uns und der Welt eine Wette darüber ein, dass Voraussicht, Umsicht und Vorsicht nicht alles und also nicht immer das Beste sind. Wir schließen eine Wette auf die Gegenwart ab und lassen für den Augenblick die Zukunft Zukunft sein. »Man gönnt sich ja sonst nichts«, »was soll's«, »sei's drum«, »ist mir egal«, »zum Teufel damit«, lauten die Floskeln, die als Gleitmittel dienen, um uns wider besseres oder mit besserem Wissen gehenzulassen. Rational ist das selten. Aber schleichende oder bekennende Irrationalität ist die mal süße, mal saure Mitgift aller Rationalität. Wie diese zählt auch jene zu den Grundmöglichkeiten des menschlichen Verhaltens, solange sie den Kontakt zu ihrer überlegteren Schwester nicht ganz abreißen lässt.

305

Ich stehe vor einer Käsetheke mit einem Angebot aus aller Herren Länder. Wenn ich nicht einfach kaufen will, was ich sonst immer kaufe, und kein gütiger Geist mir einen Zettel geschrieben hat, werde ich schauen und sehen, welche der Sorten mich »anlacht«, wie meine Mutter zu sagen pflegte. Ich lasse meinen Appetit entscheiden – aber doch nicht ihn allein. Ich behalte mein Budget im Auge, die Menge, die ich verzehren kann, oder das, was auch meinen Gästen schmecken könnte. Nicht einmal da, wo es nur darauf ankommt, wobei mir das Wasser im Mund zusammenläuft, lasse ich einzig meiner Neigung ihren Lauf, und nicht immer einer einzigen, sondern – soweit es eben geht – mehreren. Die unsichtbare Hand der Überlegung lenkt mich noch da, wo ich einfach meiner Laune folge.

306

»Nun musst du dich entscheiden« – für diesen oder jenen Käse, diesen oder jenen Film, dieses oder jenes Auto, dieses oder jenes Studium, diese oder jene Partei, diesen oder jenen Partner. Keine Situation der Entscheidung käme zustande, nichts gäbe es in welcher Sache auch immer zu entscheiden, wenn nicht *zuvor* schon Tendenzen – Begierden, Präferenzen, Optionen, Grundsätze – im Spiel wären, die mich jetzt zu einer Entscheidung führen oder zwingen. Entscheidungen wären unmöglich, führten zu nichts und könnten nicht bindend sein, wenn die Entscheidenden nichts mitbrächten, das sie in ihrer und zu ihrer Entscheidung bewegt. Zugleich aber wäre es keine Entscheidung, wenn sie keine Hinsichten hätten oder fänden, nach denen sie ihre Möglichkeiten durchmustern, vergleichen, bewerten, schließlich positiv oder negativ so auszeichnen könnten, dass ihnen endlich nur zu sagen bleibt: diese will ich ergreifen – weil sie die beste oder eine der besten oder wenigstens die am wenigsten schlechte oder weil sie einfach zu verlockend ist. Jede Deliberation muss so schließlich an das Ende einer Festlegung (und somit an ein Ende der Liberalität in dieser Sache) kommen, was freilich zugleich den Boden der nächsten bereitet. Am Ende der mir offenstehenden Möglichkeiten stehen mir wieder unzählige offen. Jedem abgetrennten Kopf der Hydra wachsen weitere nach.

307

»Man rühmt den Nutzen der Überlegung in alle Himmel; besonders der kaltblütigen und langwierigen, vor der Tat«, schreibt Heinrich von Kleist in einer im Dezember 1810 veröffentlichten »Paradoxe«, um geradewegs zu dem gegenteiligen Schluss zu kommen, die Überlegung finde »ihren Zeitpunkt weit schicklicher *nach,* als *vor* der Tat«. Kleist tarnt seine Reflexion als einen Ratschlag an künftige Soldaten und bemüht das Beispiel eines Ringers, den ein Nachdenken inmitten seiner Aktion nur verwirren könne. Doch möchte er seinen Geistesblitz nicht nur auf den Wettkampf und die Schlacht, sondern auch auf das Gespräch angewandt wissen. Wenn die Überlegung, so lautet seine Erklärung, »vorher, oder in dem Augenblick der Entscheidung selbst, ins Spiel tritt: so scheint sie nur die zum Handeln nötige Kraft, die aus dem herrlichen Gefühl quillt, zu verwirren, zu hemmen und zu unterdrücken; dagegen sich nachher, wenn die Handlung abgetan ist, der Gebrauch von ihr machen läßt, zu welchem sie dem Menschen eigentlich gegeben ist, nämlich sich dessen, was in dem Verfahren fehlerhaft und gebrechlich war, bewußt zu werden, und das Gefühl für andere künftige Fälle zu regulieren«.

Daran ist so viel wahr, dass das Denken oft nach der Tat seine deutlichste Wirkung entfaltet; es sind die erlebten und erinnerten Missgriffe, die ihm die größte Macht verleihen. Je dramatischer sich ein Handeln vollzieht, sei es ein Kampf oder ein Gespräch, desto weniger kann es aus Überlegung gelingen. (Wenn jemand dagegen einen Schrank zusammenbaut, vermag ein gelegentliches Innehalten sowohl dem Subjekt als auch dem Objekt des Bemühens Halt zu verleihen.) Paradox freilich ist daran wenig. Denn Kleists Argument schließt ein, dass wir *während* einer Handlung immer zugleich in einer Position *nach* den vorhergegangenen sind, von denen uns eine jede in eine neue Situation *vor* der nächsten geführt hat. Auch da, wo das Überlegen nichts nützt, hat es seine Gelegenheiten gehabt. »Nach dem Spiel ist vor dem Spiel«, heißt es im Sport; aber hier wie in jedem anspruchsvollen Tun ist vor der Tat zugleich nach der Tat. Aus dieser können Lehren für den *kairos* des Spiels oder des Lebens gezogen werden, die sich – bis zum nächsten Fehlschlag – in einem glücklichen Gespür für den richtigen Moment bewähren.

308

Ohne meine Witterung für das noch Ungewisse, ohne den Widerhall, den es in meinem Körper auslöst, ohne die Vibrationen, in die es mich versetzt, könnte ich keinen Appetit auf Neues entwickeln. Eine neue Musik, ein neuer Gedanke, ein neues Leben – alle Möglichkeiten, deren Wert mir verschlossen war, entspringen denen, die ich kenne. Nur das Bekannte führt uns ins Unbekannte. Der Funke einer alten Leidenschaft entzündet die neue.

309

Nur in den Strömungen meiner Leidenschaften gewinne ich Stand.

310

Noch unsere besten Absichten beruhen auf etwas, das sich unserer Absicht entzieht: auf einem Vertrauen in uns selbst, für das wir nichts können; auf Bestrebungen, denen wir vorerst zu folgen bereit sind; auf Prägungen, ohne die wir nicht wären, was wir sind. Nur auf diesem Boden gewinnen wir einen Willen, der stark genug ist, uns *against all odds* zu bestimmen. Empfänglichkeit ist der harte Kern jeder Absage an den Lauf der Welt.

311

»Gedanken sind frei«, sagen wir, wenn jemand im Verdacht steht, in der Pflege seiner Meinungen den logischen und sonstigen Anstand vermissen zu lassen. Ich kann über eine Sache oder einen Menschen denken, was ich will, wie verquer, ungerecht, abwegig es auch sein mag. Solange ich meine Gedanken für mich behalte, bin ich niemandem außer mir selbst dafür Rechenschaft schuldig, und auch das nur so weit, wie mir in der jeweiligen Angelegenheit an der Stimmigkeit meiner Überzeugungen liegt. (Wem liegt schon durchweg an der Konsistenz seiner Ansichten – lauert in ihrer Unstimmigkeit doch die Tugend der Innovation.) Auch die politische Meinungsfreiheit erlaubt die Kundgabe aller möglichen und unmöglichen Ansichten, solange deren Verlautbarung nicht die Rechte anderer verletzt. Dafür, was ich anderen mit meinen Äußerungen antue, kann ich moralisch oder rechtlich zur Rechenschaft gezogen werden. Ansonsten aber kann ich jeden Unsinn von mir geben, nach dem mir der Sinn steht. Der Respekt vor der Freiheit der Andersdenkenden schließt den vor ihrer Dummheit mit ein. Schließlich halten wir es mit uns selbst nicht anders. Großzügig lassen wir es geschehen, dass wir unter unserem Niveau denken, reden, lachen und lieben. Demokratie beginnt in den eigenen vier Wänden. Toleranz gegenüber anderen wird an der Toleranz gegenüber sich selbst geübt.

312

Der Gegensatz von instrumenteller und anderer Vernunft wird gern überschätzt. Wo die instrumentelle tatsächlich Vernunft ist, ist sie schon mehr als das. Sie befähigt zur Modifikation von Zwecken im Zuge ihrer Realisierung. Rational ist die Verwendung von Mitteln zu bestimmten Zwecken nur, wenn nicht nur die Mittel, sondern im Zuge der Verwendung der Mittel auch die Zwecke zur Disposition stehen können. Während ihrer Verwirklichung kann sich herausstellen, dass der zuvor gefasste Zweck gar nicht hinreichend bestimmt war, oder dass die verfügbaren Mittel unter den gegebenen Umständen nicht genau diesen Zweck zu realisieren vermögen. Dann muss überlegt werden, was zu tun sei. Die Auskunft, hier müsse man sich eben an den nächsthöheren Zweck halten, ist leer, denn auch dieser höhere Zweck kann im Zuge seiner Realisierung diffus werden. Und je höher unsere Zwecke sind, desto diffuser werden sie. Ich will den Zug um 11 Uhr erreichen. Höherer Zweck: Ich will nach Mailand. Höherer Zweck: Ich will Isabella besuchen (ich will sie und mich durch einen Besuch erfreuen). Nun sage einer, dies sei ein genau bestimmter Zweck. Sobald ich bei einer Gelegenheit wie dieser genau nach Plan vorgehe, wird das Ziel, an das er führen soll, zerstört. So ist es mit allen Zwecken, derentwegen wir überhaupt in Gang kommen. Die vernünftige Realisierung unserer Zwecke ist an ihre versuchende »Realisierung« gebunden. In der Verwirklichung erst nehmen wir wahr, was genau an dem Zweck das Lohnende, Verlockende, Funkelnde ist. Objekte einer noch unbestimmten Form zu machen, die Definition künstlerischen Handelns, gibt zugleich das eigentliche Ziel allen Handelns an: Situationen einer noch unbestimmten Befriedigung zu schaffen.

313

»Ich hätte gern ein Bier«; »Ich möchte den Zug um 11 Uhr erreichen«; »Ich möchte, dass du mir keine Schande bereitest«; »Ich will bei dir sein«. Nur wer *bestimmte* Absichten hat, kann sich oder etwas bestimmen oder zu bestimmen suchen. Freihändig macht das keiner. Wer überhaupt Bestimmtheit erreichen will, muss auf Bestimmungen zurückgreifen, die überall bereitliegen und deren Verflechtungen und Konsequenzen er niemals im Ganzen überblickt. Aber nicht diese Bestimmungen – seien es Begriffe, Sätze, Texte, Bilder, Gesten, Stimmen oder sonst eine Musik – sind es, die eine Person festlegen. *Sie* legt sich fest, indem sie auf ihre Weise in Gebrauch nimmt und sich anverwandelt, was an Mitteln und Medien hierfür bereitliegt. (Daran, wie ich den Ball annehme, entscheidet sich, ob ich ihn verwandeln kann.) Handelnde sind Wesen, die den Überblick verloren haben, um im Ungewissen eine – ihre – Richtung zu finden.

314

Was eine Handlung und was für eine es ist, ergibt sich aus ihrer Beschreibung als Handlung – sei es durch die Handelnden selbst, sei es durch andere, die sie zu verstehen suchen. An diesem Verständnis unserer selbst und der anderen führt kein Weg vorbei. Die Zurechnung einer Handlung ist allein aus der Perspektive derer möglich, die selbst Handelnde sind – die mit- und übereinander die Sprache des Handelns sprechen. Dies ist eine Sprache des Erzählens, die davon handelt, was jemandem widerfahren ist und wie er sich dazu verhielt. Dies ist eine Sprache der Gründe, in der wir uns begreiflich machen, wie sich jemand unter gegebenen Umständen verhielt, indem wir herauszufinden versuchen, ob er wusste, was er tat, ob er bei Sinnen war oder nicht, inwieweit er fremdbestimmt war und daher: ob und in welchem Maß wir ihm ein Verhalten als Handeln zurechnen können. Die beste Erklärung dafür, warum jemand sich so oder anders verhalten hat, liegt in den meisten Fällen im Verständnis der Gründe, die für sein Handeln maßgeblich waren. Er hat es getan, weil – er glaubte, dass dies das Beste wäre, er es für angesagt hielt, er es immer so gehalten hat, ihm nichts Besseres eingefallen ist oder »weil man das so macht«. (Auch unsere Gewohnheiten sind Sammelbecken von Gründen: derjenigen, über die wir nicht oder nicht lange nachzudenken brauchen – oder dies nicht nötig zu haben glauben.) Handeln kann und Handelnder ist, wer sich von Gründen bewegen zu lassen vermag: für den die eigenen Gründe als Ursachen seines Verhaltens wirksam sind. Eine Handlung als Handlung zu verstehen bedeutet, zu erkennen oder wenigstens zu vermuten, welches die für ihren Vollzug rational und kausal ausschlaggebenden Faktoren waren.

315

Zum Ausfall einer Erklärung für menschliches Handeln kommt es, wenn für es nach anderen Ursachen gesucht werden muss als jenen, die durch die guten oder schlechten Gründe der Handelnden bereitgestellt werden. Dann waren es nicht ihre oder gar keine Gründe, die eine Person so oder so haben agieren lassen; Physiologie und Pathologie treten auf den Plan. Wäre dieser Ausfall der generelle Fall, dürfte von Handeln gar nicht die Rede sein – folglich auch von jenem nicht, das sich in Alltag und Wissenschaft um Erklärungen und Interpretationen bemüht. Es wäre in der Welt kein Platz für Theorien gleichwelcher Art.

316

Handlungen gibt es nur in der Welt des Handelns – in einer sozialen und kulturellen Welt, in der Handlungen von Handelnden *als* Handlungen begriffen werden können. Diese Zuschreibungen sind wahr oder falsch je nachdem, ob die Ereignisse, um die es geht, deswegen eingetreten sind, weil die Betreffenden dies und jenes wussten und wollten – weil es aus ihrer Sicht angebracht war, sich so oder anders zu verhalten. Was wahr ist, ist Teil des Wirklichen. Wenn es wahr ist, dass Oskar nach links abbog, weil er zum Bahnhof wollte, dann ist Oskar nach links abgebogen, weil er zum Bahnhof wollte. Ereignisse dieser Art hängen von Absichten dieser Art ab – davon, dass es bestimmte Absichten sind, die jeweils wirksam werden, und davon, dass sie für Handelnde und unter Handelnden grundsätzlich bestimmbar sind (wie oft diese sich über sich und die anderen auch täuschen mögen). Handlungen sind jene Ereignisse, die den Lauf der Welt dadurch bestimmen, dass Handelnde ihn von sich aus bestimmen.

317

Das Überlegen stört den Lauf der Dinge, wie er wäre, wenn das Überlegen nicht wäre.

318

Ist Schnarchen eine Handlung? Nein (obwohl »Schnarch nicht so« in Ehebetten eine durchaus geläufige Floskel ist). Schlafen? Ja und nein. (»Er setzt sich in meine Vorlesung und schläft!«) Dösen? Manchmal. (»Ich könnte immer so weiterdösen.«) Niesen? Man könnte es unterdrücken. Was Handlungen und ihre Ursachen sind, hängt ab von ihrer Klassifikation als Handlungen. Zwar haben Handlungen – wie alle Ereignisse sonst – Ursachen, deren Beschreibung in die Zuständigkeit von Physik und Physiologie fallen; denn auch das Haben eines ausschlaggebenden Grundes ist ein Zustand der materiellen Welt. Aber welche dieser Zustände es sind, die *diese* Handlung verursacht haben, ergibt sich nur unter Hinweis auf ihren Status als *Handlungen.* Wir müssen die Handlung – das, worauf sie aus ist, und das, weswegen sie darauf aus ist – verstanden haben, um überhaupt fragen zu können, was sie physiologisch gesehen ist. Das Verstehen ist nicht zu umgehen.

319

Ohne die soziale Identifizierung und Individuierung von Verhaltensweisen als Handlungen, ohne die wechselseitige Zuschreibung von Handlungsabsichten und Handlungsverantwortung gäbe es den Gegenstandsbereich einer Physiologie des Handelns nicht. Die Sprache solcher Beschreibungen ist abhängig von derjenigen des Denkens und Handelns. Die Welt des Handelns, so sehr sie ein integraler Teil der einen Welt ist, öffnet sich erst mit dieser Sprache und ist zugänglich allein in ihr.

320

Ich bewege meine Finger über die Tasten, um zu schreiben, dass ich meine Finger über die Tasten bewege: In der Welt des Handelns ist diejenige der Physik jederzeit präsent. In der »Welt der Physik« hingegen – in der von ihr beschriebenen Welt – kommt der Inhalt meines Schreibens ebenso wenig vor wie derjenige meines Erlebens. Das heißt aber nicht, dass es diese nicht ebenso sehr »gibt« wie die von der Physik beschriebenen Prozesse. Meine (oder sonst eine) Beschreibung meines Schreibens oder Fühlens ist in demselben Sinn wahr oder falsch, wie die Sätze der Physik es sind. Die »Welt der Physik« ist die von ihr, der Physik, beschreibbare Welt, in ihr herrschen Gesetze, die bestimmte Prozesse zu beschreiben und bestimmen geeignet sind – und andere nicht. Dass es sich hierbei um Prozesse einer Art handelt, die *immer* im Spiel sind, wo sich überhaupt etwas tut, tut nichts zur Sache: Die Wirklichkeit eines Golfspiels, eines Grußes, einer Versteigerung, einer musikalischen Darbietung oder eines Bildes wird dadurch nicht zu einer Sache der Physik. Denn die Physik oder andere Naturwissenschaften können nicht hinreichend bestimmen, was da geschieht. Der Verlauf eines Spiels oder sonst einer Handlungsfolge ist physikalisch nicht bestimmbar, mag sich auch alles, was dabei geschieht, »im Einklang mit den Gesetzen der Physik« abspielen. Aus »im Einklang mit« folgt kein »nichts anderes als«. Ob ein Spiel im Einklang mit seinen Regeln verläuft, muss durch eine Deutung dieser Regeln entschieden werden; und es verläuft anders, je nachdem, wie diese Auslegung durch Spieler und Schiedsrichter ausfällt. Das Spiel der Welt wird nicht allein nach den Regeln der Physik gespielt.

321

Gewaltenteilung herrscht selbst im Reich der Natur. Ihre Verlaufsgesetze sagen nicht, wie der Hase läuft, sondern allein, wie er sich *nicht* fortbewegen kann. Dafür, wie er sich auf der Flucht über den Acker bewegt, gibt es keine Gesetze, obwohl sich alles im Einklang mit ihnen vollzieht. Im tatsächlichen Gang der Dinge liegen die Kräfte der Natur miteinander im Widerstreit. Es liegt nicht fest, wie die Sache sich entwickeln wird. Fest liegt nur, wie sie sich nicht entwickeln kann – der Hase wird sich nicht in die Lüfte erheben. Man sollte das weite Feld des Wirklichen nicht mit dem engen eines noch so großen Labors verwechseln, in dem das Wirken einzelner Faktoren experimentell isoliert werden kann. Draußen herrschen Kraft und Gegenkraft mit ungezügeltem Impuls. Meine Lust auf die erste Stachelbeere des Jahres, die ich im Garten pflücke, stört deren Reifungsprozess, auch wenn sie sich dadurch nicht gestört fühlen kann, da sie nun einmal nichts fühlt. Ob mit oder ohne Gefühl aber, der Prozess alles Lebendigen, von den Pflanzen bis zu den Primaten, vollzieht sich in einem mal tänzerischen, meist tödlichen Spiel von Störung und Vermeidung. Das eine Streben wird von einem anderen durchkreuzt, woraus sich fortwährend Veränderungen ergeben, die einfach nicht vorhersehbar waren. Wie sollten es dann diejenigen sein, bei denen zu allem Überfluss auch noch Satz und Gegensatz ihren Einsatz hatten?

322

Selbst wenn es Gesetze gibt, die beschreiben, was immer geschieht, wenn etwas geschieht, gibt es zahllose einzelne Verläufe, die selbst keinem Gesetz unterliegen. Nicht jede Form der Kausalität fällt unter ein striktes kausales Gesetz. Sobald Gründe und Absichten bei der Erklärung der Welt eine Rolle spielen, haben die physikalischen Gesetze als letzte Erklärer ausgespielt – eine Rolle, die sie ohnehin nur innehaben, solange die Praxis der Physik die Regeln bestimmt, nach denen etwas erklärt werden soll.

323

In physikalischen Erklärungen kommen Gedanken nicht vor. Dass es diese deswegen nicht gibt, wäre ein alberner Gedanke, denn dann gäbe es auch keine Physik. Dass es immer schon alle Gedanken gibt, weil die Abfolge aller Gedanken im Denken aller denkenden Wesen im Kreislauf kausaler Abfolgen ein für alle Mal festliegt, wird man nicht einmal albern nennen wollen. Denn wenn dies wahr wäre, gäbe es kein Denken, schon gar nicht eines, das sich stark genug fühlt, hinter die Kulissen allen Denkens zu blicken. Ein Denken, das immer schon festliegt, ist keins. Wenn das Denken immer schon festläge, könnte es nichts festlegen und daher seinen Zweck nicht erfüllen.

324

In der Durchleuchtung eines Gehirns wird keiner einen Gedanken oder eine Absicht finden, die er nicht schon verstanden hat. Mehr noch: Der Gedanke, dass Schnee weiß ist, wird in keinem Gehirn je aufzustöbern sein, so wenig wie die Absicht, sich an das Tempolimit zu halten. Gedanken und Absichten sind keine Gehirnzustände. Nur das *Haben* eines Gedankens oder einer Absicht kann ein solcher Zustand sein (und was sonst sollte er sein?). Der Gehalt eines Gedankens dagegen ist das, was gleichbedeutende Formulierungen dieses Gedankens *sagen.* »Schnee ist weiß« – »Snow is white«. Wann zwei Formulierungen gleichbedeutend sind, steht jedoch nicht ein für alle Mal fest, sondern hängt von der Art ihres Vorkommens und ihrer Verwendung ab. Die Sätze »Schnee ist weiß« und »Weiß ist der Schnee« können gleichbedeutend sein; sie sind es, wenn sie an der Stelle ihres Auftretens gegeneinander austauschbar sind. Stünde aber »Weiß ist der Schnee« am Anfang eines Gedichts, so wäre dies nicht der Fall. Nur in genau dieser Stellung der Worte hätte der Satz den Rhythmus, die Betonung, die Geste und damit den poetischen Sinn, den er hier hätte. Im einen wie im anderen Fall aber ist der Inhalt eines Gedankens immer an mögliche seiner Formulierungen gebunden – seien es solche, die ohne Verlust variiert oder übersetzt werden können, seien es solche, bei denen dies nicht so ist. *Der Gedanke* ist jeweils der durch seine Formulierung(en) her- und herausgestellte Gehalt. Gedanken in diesem Sinn haben ihre Wohnstatt im Denken von Leuten, die sich auf die Verwendung von Sätzen verstehen, nicht in Gehirnen. Zum Bau – und dem beständigen Umbau – dieser Wohnstatt freilich bedarf es Personen mit intakten Gehirnen, deren Besitzer sich auf das Verstehen von Sätzen verstehen, weil sie in Praktiken des Redens, Lesens und Schreibens zu Hause sind. Sich hierin auszukennen bedeutet, Sätze dieser oder jener Art so oder anders verstehen zu können. Die Akte dieses Verstehens sind immer auch neuronale Prozesse. Um diese aber als Akte des Verstehens *kennzeichnen* zu können, muss man auf den üblichen Wegen des Sprechens und Widersprechens die Gedanken begreifen können, in deren Aneignung und Abstoßung sich das Denken vollzieht. Das Gehirn ist kein Lektürestoff.

325

Gedanken gibt es nur im Verstehen derer, die sich auf das Verstehen verstehen und also miteinander in Recht und Unrecht, Konsens und Dissens, Deutung und Missdeutung, Einsicht und Blindheit auf eine soziale wie natürliche Welt eingestimmt sind.

326

Das *Haben* eines Gedankens oder einer Absicht sowie der *Vollzug* der Wahrnehmung eines Bahnhofs oder Bildes sind etwas durchaus anderes als der Gedanke, die Absicht, die Kenntnis, die wir mit anderen teilen können. Denn derselbe Gedanke, dieselbe Absicht, die Kenntnis desselben Bahnhofs oder Bildes, dieselben geistigen Zustände also, in denen sich unterschiedliche Individuen befinden mögen, manifestieren sich in unterschiedlichen neuronalen Zuständen derer, die sie jeweils haben. Bei jedem sind sie anders vernetzt: mit anderen Meinungen, anderen Absichten, anderen Kenntnissen, anderen Erinnerungen und Erwartungen, anderen Assoziationen und Affekten. Trotzdem können Gedanken, Absichten und sonstige Kenntnisse ein gemeinsames Gut sein, das Personen miteinander teilen und einander mitteilen können. Schließlich kommunizieren wir in unseren Gesprächen nicht unsere Gehirnzustände oder kognitiven Haushalte, sondern unsere Vorsätze und Meinungen (von denen wir, wenn wir einander überhaupt verstehen, gar nicht so wenige teilen). Wenn wir im Streit liegen, streiten wir uns nicht über unsere Gehirnzustände, sondern über unsere Absichten und Ansichten. Dass es diese nur in einem Kontext vieler anderer gibt, heißt nicht, dass nicht jeweils *sie* Gegenstand von Rede und Widerrede, Zustimmung und Ablehnung sein könnten. Dass die 517 Gedanken in diesem Buch, wenn es denn welche sind, im Kontext der 516 anderen stehen, bedeutet nicht, dass nicht jeder für sich bedacht und verworfen werden könnte. Zwar färben sie alle aufeinander ab, sie kommentieren, bestärken, ergänzen und desavouieren einander, aber trotzdem sagt jedes der Stücke, was *es* sagt – und jedes kann so genommen werden, wie es es sagt.

327

Ein leuchtendes Bild von Jasper Johns aus dem Jahr 1958 mit dem Titel *zero-nine* zeigt die Ziffern 0 bis 9 in zwei von links nach rechts verlaufenden Reihen. Sie sind in einer changierenden Farbgebung in kräftigen Rot-, Orange- und Blautönen auf an einigen Stellen durchscheinendes Zeitungspapier gemalt – Grundgrößen einer Berechnung der Welt, die hier in Reih und Glied fröhlich aus der Reihe jeder Berechnung tanzen. Dieses Bild ist ein materielles Objekt. Ein *Bild* ist dieses Objekt, weil es dafür angefertigt und dazu geeignet ist, in einer bestimmten Weise aufgefasst zu werden: als eine Präsentation, die auf dem Grund seiner Fläche etwas zum Erscheinen bringt. Wie der Sinn von Worten und Sätzen ist der Bildcharakter von Bildern von dieser aktuellen oder potentiellen Art des

Umgangs mit ihnen nicht zu trennen. Bilder gibt es nur, wo es Formen ihres Gebrauchs als Darbietungen im Medium von Farbe und Linie – und nicht als Fensterabdichtungen, Bügelbretter und dergleichen – gibt. Auch wenn sie sich in privaten Räumen oder im Fundus der Museen befinden, sind sie grundsätzlich öffentliche, beliebigen Betrachtern zugängliche Objekte. Diese Betrachter nehmen dasselbe Bild je auf ihre Weise wahr. Eben deshalb, weil sie je ihre Wahrnehmung eines vor ihrer aller Augen stehenden Bildgegenstands haben, können sie sich gemeinsam darauf beziehen und über seine Deutung und Bedeutung uneins sein. Befänden sich Bilder »im Kopf der Betrachter«, gäbe es keine Bilder.

328

Der Tisch ist rot. So nehmen wir es wahr. Ist das, was wir da wahrnehmen, eigentlich etwas anderes? Ist das, was uns als Farbigsein erscheint, etwas, eine Struktur der Welt oder des Sehens, die gleichsam hinter dem Aussehen der Dinge liegt? Eine Oberflächeneigenschaft von Gegenständen, die auf unterschiedliche Weise auf das menschliche Auge wirkt? Lichtwellenabstrahlungen (oder Typen von solchen), die wir auf die eine oder andere Weise klassifizieren? Wer auf dieser Linie danach fragt, was Farben »eigentlich« sind, hat schon die falsche Frage gestellt. Denn es gilt zu fragen, wie es zu ihrem Erscheinen kommt – und was sie in ihrem Erscheinen sind. Sie sind Eigenschaften von Gegenständen, die diesen in der Wahrnehmung einer bestimmten Spezies unter Standardbedingungen zukommen. Gäbe es nicht die verschiedenen Oberflächeneigenschaften, die eine unterschiedliche Abstrahlung des Lichts hervorrufen, wäre in unserem Sehen keine Differenz der Farben vorhanden. Aber diese Differenz *besteht* nicht in den Eigenschaften, die sie bedingen. Zwar gäbe es ohne diese Bedingungen keine Farben, aber nicht diese *sind* das, was Farben eigentlich sind. Diese bestehen in jenen Stufen und Graden des Farbigseins, die wir im Großen und Ganzen zuverlässig an den Objekten unserer Wahrnehmung, im Gebrauch der uns hierfür zur Verfügung stehenden Prädikate, unterscheiden können – immer dann, wenn es wahr ist, dass der Tisch rot, die Ampel grün, das Auge blau ist. Die Physik der Farben wird zur Metaphysik, wenn sie die Wahrheiten des Sehens leugnet.

329

Es macht das Wirkliche aus, dass es aus unterschiedlichen Einstellungen zutreffend beschrieben werden kann. Aber eine dieser Beschreibungen muss doch die richtige sein, die grundlegendste, exakteste, eigentlich wahre! Aber warum denn? Beschreibungen sind Beschreibungen; wenn sie wahr sind, sind sie wahr, und wenn sie es sind, verhält es sich in der beschriebenen Hinsicht gerade so, wie sie es sagen.

330

Wahrer als wahr kann auch das Wahrste nicht sein.

331

Manchmal geht auch die Theorie durch den Magen, und nicht immer bekommt ihr das. Nur in einer Kultur, in der man *hot dogs* »with everything« bestellen kann, konnte der Wahn einer »theory of everything« entstehen – einer Theorie, die aber auch alle Zustände des Universums auf einen Nenner bringen könnte.

332

Dass nichts ohne Ursache geschieht, sagt nichts über die Freiheit/Unfreiheit von Handlungen aus. Schon gar nicht spricht es gegen die Möglichkeit von Freiheit. Könnten wir uns nicht auf den Zusammenhang der Ursachen verlassen, könnten wir handelnd nichts bewirken (nicht einmal durch das ehemals laute Klappern und neuerdings leise Tappern der Tasten eines Schreibgeräts). Hätten Handlungen keine Ursachen, könnten sie nichts verursachen – sie könnten nicht eingreifen in den Lauf der Welt. Handlungen sind diejenigen Ereignisse, deren Ursachen Gründe sind. Das Haben solcher Gründe sprengt nicht den Zusammenhang der materiellen Welt, aber es kann nur in einer zugleich kulturellen Welt entstehen. In ihr wird gelernt und ständig darüber verhandelt, was als Grund und darüber hinaus als guter Grund zählt. Dieses Zählen, diese Zuschreibung und Bewertung von Gründen, geschieht in der sozialen Währung von Worten und Sätzen. Wer es beherrscht, kann sich von den eigenen Gründen leiten lassen, was immer er aus dieser Fähigkeit macht. Diese Freiheit steht nicht im Widerspruch zur Kausalität, sie ist eine Form derselben: diejenige, deren Kräfte sich allein zusammen mit dem Verstehen und der Beurteilung von Gründen mobilisieren und ermitteln lassen.

333

In der Bewegung des Denkens gibt es keine Lücke, in der ein reiner Geist mit außernatürlicher Kraft wirksam werden könnte. Wer denkt, fährt nicht im Stillen aus seiner Haut; das wäre das Gegenteil des Denkens. Wer denkt, lässt sich im Innehalten bei seinen Überzeugungen gehen: bis zu dem Punkt, an dem er Halt an einem Urteil findet, an das er sich binden kann, weil es ihn an andere seiner Urteile und Energien bindet.

334

Hätte ich auch anders handeln können? Einfach so? Nein. Anders hätte ich handeln können, wäre ich für anderes aufmerksam, auf anderes gerichtet, für andere Gesichtspunkte offen gewesen, hätte ich also anders überlegt, mich anders entschieden, und folglich: hätte ich mich anders und zu etwas anderem bestimmt. – Aber dann wärst du doch anders bestimmt *gewesen*; du wärst in und durch dein Überlegen anders bestimmt *worden*! – Aber ja! Mein Überlegen hätte mich anders bestimmt. Was willst du mehr? Das ist es doch, was den Unterschied zu einem automatenhaften oder manipulierten Gelenktsein ausmacht: dass du dich selber lenken kannst, getragen davon und im überlegenden Rückgriff auf das, was du bisher erfahren hast und woran dir bisher gelegen ist, zusammen mit der Beharrlichkeit oder Nachlässigkeit, mit der du deine Vorsätze verfolgst. Überlegen können bedeutet, irritierbar, beeindruckbar, bestimmbar zu sein durch Umstände, Motive, Erfahrungen, Kenntnisse, Gedanken, die in der jeweiligen Angelegenheit einen Unterschied machen. Selbstbestimmung ist ein Bestimmtwerden durch dich selbst. Wer frei handeln kann, vermag im Vergleich mit Lebewesen, die es nicht oder weniger können, nicht allein einen weiteren Kreis von äußeren wie inneren Möglichkeiten ins Auge zu fassen; er vermag sich ihnen zögernd, folgernd, variierend und bewertend zu überlassen. Lebewesen, die nicht alles nehmen, wie es kommt, vermögen von sich aus und mit sich etwas anzufangen und somit aus sich etwas zu machen, das nicht alles lässt, wie es ist.

335

»Ich kann mir das nicht aussuchen«, sagen wir oft, wenn es Dinge zu erledigen gibt, die sich tatsächlich oder vermeintlich nicht vermeiden lassen. Ich kann mir aber auch mich nicht aussuchen. Bei allem, was ich anfange, fange ich bei mir an, so viel mir an mir auch nicht geheuer sein mag. Mit sich etwas anfangen können – das ist der Grundstein des Selbstvertrauens, den wir nur zu legen vermögen, wenn uns die Welt, die uns längst zuvorgekommen ist, ein wenig Zuvorkommen zeigt.

336

Die Sprache meiner Gründe wurzelt in dem, was aus mir geworden ist. Insofern kann ich nicht anders, als ich nun einmal bin. Aber was bin ich? Jemand, der Bestimmtes unterscheiden, anderes auf sich beruhen lassen und also überlegen kann. Da ich etwas bestimmen kann, kann ich auch mich bestimmen, und dies gerade, ach was: und dies allein in der unbestimmten Lage, in der ich mich mit mir und den anderen in der Welt befinde. Hier stehe ich und könnte anders.

337

»Ich bin so frei«, sagt der Gastgeber in größerer Runde zu seinem Gast, wenn er ihm das gewünschte Brot »zu Fuß«, also mit der Hand, herüberreicht, anstatt den Brotkorb zu stemmen. »Du bist ein freier Mensch«, sagen wir zu einem, der vom Rauchen oder sonst einem lässlichen Laster nicht lassen will. »Tu, was du nicht lassen kannst«, kommt gleich hinterher: Du musst selber sehen, wie du mit dir zurande kommst. Frei sind Personen, insoweit ihre Handlungen es sind – insoweit es an ihnen liegt, was sie tun oder lassen, insoweit es ihre Gründe sind, von denen sie sich zum Guten oder Schlechten leiten lassen. »Ich habe das nicht freiwillig getan«, hat nur Sinn aus dem Mund desjenigen, der frei handeln kann. Unfreie Handlungen sind Privationen der freien.

338

Können heißt scheitern können.

339

Was die für eine Handlung bestimmenden Faktoren waren, hängt ab von ihrer Einordnung als Handlung, sei es als einzelner Akt, sei es als Teil einer Tätigkeit dieser oder jener Art. In vielen solcher Fälle erklärt eine entsprechende Charakterisierung die Handlung: Es war ein Gruß, es war eine Bestellung, es war ein richterliches Urteil, er baut eine Garage, er schreibt einen Roman. Die Beschreibung macht deutlich, was X macht und warum er es macht. Er grüßt, weil er einen Bekannten trifft, bestellt sich die DVD, die er schon lange sehen wollte, er übt sein Amt als Richter aus, er fährt mit der Verwirklichung eines Vorhabens fort. Mehr ist zum Verständnis der Handlung oft nicht nötig. Viele solcher Handlungen sind außerdem erwartbar. Er wird ihn grüßen, die Bestellung vornehmen, das Urteil fällen, er wird sich wieder an die Arbeit machen. Erwartbar und daher mit hoher Wahrscheinlichkeit vorhersagbar sind Handlungen, bei denen die Grunddisposition aller Beteiligten allen Beteiligten deutlich ist. Sie sind es, solange Ausrichtung und Gelegenheit stabil bleiben. Unter gleichen Bedingungen wird Gleiches geschehen.

Nicht immer aber sind die inneren wie äußeren Bedingungen hinreichend gleich, nicht immer sind sie hinreichend und manchmal sind sie so gut wie gar nicht bekannt. Es geschieht etwas, das so nicht erwartbar war – seitens der anderen oder seitens der Handelnden selbst. (»Ich glaub' es nicht, ich habe es geschafft, ihn zu ignorieren!«) Dann ist eine Einordnung des Vorgangs nicht ohne weiteres möglich, sondern eine aufwendigere (und manchmal vergebliche) Interpretation des fraglichen Tuns verlangt. War es eine Handlung? Was für eine war es? Was ist das für eine Tätigkeit, der er sich hingibt? Gibt er vor, einen Roman zu schreiben, oder schreibt er wirklich einen? Kann man *das* Schreiben, kann man *das* einen Roman nennen? Das Verständnis und die Erklärung solcher Handlungen versuchen diese in einen größeren, erweiterten, oft ihrerseits zu klärenden Rahmen zu stellen, einen Rahmen, wie er um die einfachhin verständlichen Taten von vornherein gezogen ist. Wir, die wir verstehen wollen, warum es zu dieser Handlung kam, müssen ihr einen Ort in der Geschichte der betreffenden Person sowie in der Topographie der betreffenden Lage geben, mit Rücksicht auf Zeitumstände, Institutionen, Gebräuche und dergleichen; wir müssen sie in einen Zusammenhang stellen, in dem sich zeigt, warum sie gehandelt hat, wie sie gehandelt hat – wenn es überhaupt eine und ihre Handlung war.

340

Hätten wir, wenn wir all dies gewusst hätten, die Handlung vorhersehen, gar vorhersagen können? Nein. Denn was »all dies« bedeutet, kann man nur im Nachhinein wissen. Wir konnten »all dies« – alles das, was man zur hinreichenden Erklärung einer Handlung wissen muss – nicht wissen, bevor die Person tat, was sie tat. Es ist die *Handlung*, die im Kontext ihres Auftretens die Spur zu ihrer Erklärung legt. Wir wüssten nicht, wonach wir zu fragen hätten, wäre nicht etwas geschehen, das wir als Handlung auffassen zu können glauben und damit als ein Ereignis, das aus bestimmten Absichten eines Handelnden hervorgegangen ist. Handlungen können nicht im Voraus interpretiert werden; aber nur als interpretierbare sind sie Handlungen.

341

Eine Kausalkette führt nur dann zu einer Handlung, wenn in ihr die Absichten eine ursächliche Rolle spielen, die diese Handlung hervorgebracht haben. Doch wir können die ausschlaggebenden Ursachen einer Handlung nicht ausmachen, wenn wir nicht zuvor die Handlung ausgemacht haben, was wir erst können, wenn der Handelnde sie ausgeführt hat. (Kierkegaard: »Es ist völlig wahr, was die Philosophie sagt, daß das Leben rückwärts verstanden werden muß. Aber darüber vergißt man den anderen Satz, daß vorwärts gelebt werden muß.«)

342

Ein Kollege begegnet einem Kollegen, beide nehmen einander wahr und haben sich heute noch nicht gesehen. Also werden sie sich grüßen, wie es unter Kollegen üblich ist – es sei denn, sie sind tief miteinander verfeindet, es sei denn, der eine glaubt fälschlich, sie hätten sich heute schon gesehen, es sei denn, der eine hat gerade heute Nacht erfahren, dass die junge Frau, die er für seine Tochter hielt, gar nicht seine Tochter, sondern die des Kollegen ist. »Es sei denn« – diese Klausel benennt mit der relativen Verlässlichkeit die relative Unverlässlichkeit allen Handelns. Sobald eins von beiden fehlt, ist die Sphäre des Handelns verlassen.

343

»Hier muss ich etwas ausholen« – die anspruchsvolleren Handlungserklärungen münden in einer und am Ende in der Geschichte, die weder Anfang noch Ende kennt und also in keiner Geschichte dargestellt werden kann.

344

Das Verstehen einer Handlung, so bestimmt und bestimmbar beide – die Handlung wie ihr Verstehen – auch seien, endet im Unbestimmten. »Warum hat er die DVD ausgeliehen?« – »Er liebt diesen Regisseur.« Ein Umstand wird auf einen anderen zurückgeführt, der geeignet ist, diesen zu erklären, und der seinerseits (jetzt) nicht erklärt werden muss oder soll. Eine gute Erklärung erklärt nicht alles, sondern etwas, und lässt daher vieles andere offen. (»Warum gerade diesen Regisseur?« – »Was findet er am Kino?«) Eine ins Unendliche reichende Erklärung wäre keine. Daher braucht es hier kein definitives Ende zu geben; ein Ende allerdings schon. »Schon immer hatte er den Wunsch, Romane zu schreiben.« Wer wollte so einen Wunsch erklären? Aber auch wenn wir ihn, angesichts dieser Person, nicht erklären können, *gibt* er die Erklärung, warum sie jeden Tag nach Büroschluss für zwei Stunden im Kaffeehaus verschwindet, anstatt mit den anderen zum Training zu gehen.

345

Noch das genaueste Wissen reicht unbestimmt weit. Dass wir oft *genug* wissen, um eine Handlung erklären zu können – unsere eigene oder eine der anderen –, heißt nicht, dass wir bis ins Letzte wüssten, was sie in ihrem Tun bewegt. Bis ins Letzte weiß niemand etwas, der überhaupt etwas weiß. Etwas nicht zu wissen, was niemand wissen kann, dürfte jedoch kaum ein Mangel sein.

346

Wir können nicht heute schon wissen, was wir morgen wissen werden. Ein Wesen, das alles wüsste – einmal abgesehen davon, dass es gar nichts wüsste, da ihm alles gleich viel und gleich wenig wert wäre –,

wäre auch nicht frei: Es wüsste, wie es sich entscheiden wird, und könnte sich daher nicht entscheiden. Gottlob sind wir keine Götter.

347

Ohne den Urknall und alles, was seither zuckt und zittert, kreucht und fleucht, wäre es zu Oliver Kahns Fehlgriff im Sommer 2002 nicht gekommen. Trotzdem wird man den *big bang* kaum als Ursache für dieses Missgeschick anführen wollen. Wollten wir es erklären, müssten wir eine Geschichte von Titanengeburt und Titanensturz erzählen: von einem, der auszog, mit einer kümmerlichen Mannschaft die Sterne vom Himmel zu holen, von den Medien in denselben gehoben wurde, fast alles schon in den Händen hielt und im Gefühl seiner Macht die Macht über sich und das Spiel verlor – und wie er nach dem Schlusspfiff, an den Pfosten seines Tors gelehnt, am Boden saß und diese seine Geschichte hadernd zu deuten begann.

348

Es ist stricto sensu abwegig, anzunehmen, dass der Satz, den ich hier schreibe – inklusive des auftrumpfenden »stricto sensu« und einschließlich dieser seltsamen Parenthese, die sich hiervon zu distanzieren scheint – –, dass dieser Satz, den ich gerade schreibe (dieses zunehmend verwackelte Satzgebilde), vom Beginn der Zeiten an geschrieben stand.

349
Wenn Handlungsfähigkeit und Handlungsverstehen an »die Sprache des Handelns« gebunden sind, hat ohne deren Bedeutungen alles Handeln keine Realität. Bedeutung aber haben Worte und Sätze, Erklärungen und Erzählungen niemals isoliert, sondern allein in Abgrenzung voneinander, ohne dass da eine Grenze wäre, hinter der alles klar oder unklar würde. Die Beziehungen von Wort zu Wort, Wort zu Welt sowie zwischen denen, die sich im Gebrauch von Worten in der Welt tummeln – die Beziehungen also, die verstanden werden müssen, wenn überhaupt etwas verstanden werden soll –, reichen nicht *ad infinitum*, sondern lediglich *ad indefinitum*. Sie verleihen den Einheiten des Sprechens und Denkens einen bestimmten Inhalt, indem sie einen insgesamt weder überschaubaren noch sonstwie bestimmbaren Zusammenhang von Verweisungen bilden. Da es eine kommunikative Praxis ist, in der Ausdrücke und Überzeugungen ihren Inhalt erhalten, erweist sich auch die Reichweite ihrer Bestimmtheit als eine letztlich praktische Frage. Denn es liegt niemals ein für alle Mal fest, *inwieweit* man die Überzeugungen eines anderen teilen oder überblicken muss, um eine seiner Äußerungen zu verstehen. Es kann und darf offenbleiben, bis zu welchem Punkt wir einander folgen und verstehen können (und wollen). Statt ins Unendliche zu reichen, sind die Vernetzungen des Denkens bis ins Unbestimmte artikuliert. Einen bestimmten Gehalt haben unsere Gedanken vor dem Hintergrund einer unbestimmt weiten Verbindung mit anderen

Gedanken und mit den Gedanken anderer. Alles, was wir sagen und denken, reicht weiter als das, was wir zu sagen und denken vermögen, obwohl diese Reichweiten nur ein weiterer Effekt der Kultur unseres Denkens und Sprechens sind. Allein dieses ebenso beunruhigende wie bei näherer Betrachtung beruhigende Faktum macht alles einsame wie gemeinsame Sinnen und Trachten überhaupt interessant.

350

An der Unbestimmtheit – der Unbestimmtheit in der Bestimmtheit – des Denkens scheitert jede Erklärung der Welt.

351

»Ich glaube, die großen Entscheidungen haben immer etwas Groteskes«, schreibt Imre Kertész in seinem *Dossier K.* – »Und warum?«, fragt der Interlokutor. »Weil sie sich nicht erklären lassen. Man hat nur die Wahl zwischen Überschwenglichkeit und Schweigen.« – Die Entscheidung, um die es hier geht, ist Kertész' eigene, im Jahr 1960 in sozialer wie kultureller Isolation mit dem Schreiben eines Romans zu beginnen. Die Rationalisierung einer weitreichenden persönlichen Entscheidung behält immer etwas Willkürliches, weil derartige Entschlüsse auf undurchsichtigen Antrieben beruhen, die zunächst beliebig erscheinen müssen, weil sie allein für *dieses* Individuum bindend sind und weil sich alle wirklich erklärenden Gründe erst als Folge – in der Befolgung – dieser Festlegung ergeben können. Das Verlangen, dem Leben Gewicht zu geben durch etwas, das nach allen anerkannten Maßstäben kein Gewicht hat, nichts zählt, durchweg vergeblich ist, der Impuls, durch das vermeintlich Vergebliche der Vergeblichkeit zu entkommen – dies *darf* erst einmal nicht verständlich sein, nicht einmal für den, der diese Regung hat und ihr folgt. Es kann aber verständlich werden. Was erklärt die Entscheidung von Kertész, einen Roman zu schreiben? Nichts besser als das Buch, das im Jahr 1975 unter dem Titel *Sorstalanság* (*Roman eines Schicksallosen*) erschien.

352

Jede noch so geringfügige, kleine, höchst ungroteske Entscheidung, jedes »Schluss für heute« – keine weitere Zeile, kein weiterer Drink, keine weitere Sendung –, jedes noch so simple »Ich geh' jetzt schlafen« basiert auf unüberschaubar vielen Faktoren, die niemandem, den Handelnden selbst wie ihren Beobachtern, je durchsichtig sind. »Ich bin müde« / »Er war müde«: Als Erklärung für das Schlafengehen reicht das normalerweise aus; sie ist so klar, wie man es sich nur wünschen kann. Normalerweise. Aber jedem fällt sofort eine Geschichte ein, in der das Wort »müde« noch eine ganz andere Bedeutung hat. Was alles kann in diesem Wörtchen nicht stecken: Verdruss, Verzweiflung, Lebensmüdigkeit, Lebensfreude, einfaches Ruhebedürfnis, Lust auf Schlaf oder Beischlaf, Angst vor dem Morgen, Freude auf das Morgen. Jede der Standardgeschichten, die eine einfache und in vielen Fällen zutreffende Erklärung anbietet (»Er ging schlafen, denn er war müde«), liegt in der Nachbarschaft einer anderen, die dem Standard nicht, gar nicht und im Ausnahmefall ganz und gar nicht entspricht. Die Übergänge sind fließend, die Grenzen unscharf. Zu jeder Standardgeschichte lässt sich eine im Vergleich umwegige, abwegige, ja irrwegige erzählen, die uns mehr sehen lässt als das, was der einfache Satz sagt. Poesie und Literatur stellen das Durchsichtige unscharf und das Undurchsichtige scharf. Das heißt nicht, dass die Standarderläuterung schlecht oder entbehrlich wäre, sondern nur, dass sie nicht alles ist und es niemals sein wird. Ohne ein Gespür für den Schwindel der Kunst sollte man vom Handeln nicht handeln.

353

»Migräne« ist ein zu schrilles, pulsierendes Wort, als dass man es für den medizinisch definierten Spezialfall reservieren wollte. Erst recht »Augenmigräne« und andere Steigerungsformen – wie geschaffen dafür, von Klagenden für alle möglichen Leiden ihres Kopfes in Anspruch genommen zu werden. Ganz anders »Moräne«: beruhigend wie das von ihm bezeichnete Objekt, das seit Jahrtausenden da ist und unberührt bleibt von allen Worten des Jammers.

354

Menschen haben die Fähigkeit, sich aus Gründen zu orientieren. Diese Fähigkeit gibt es. Man kann sie erwerben und wieder verlieren. Wer sie hat, vermag sich durch seine nach eigener Einschätzung besten Ansichten und Absichten bestimmen zu lassen. Durch diese Gründe ist das Handeln bestimmt; sie sind Ursachen des Verhaltens. Zugleich aber bleibt das Handeln von Personen wegen dieser Gründe unbestimmt; es erfolgt aus Ursachen, die nur unter Bezug auf das im Ganzen unbeschreibbare Geflecht und die im Ganzen unbeschreibliche Geschichte der Überzeugungen beschrieben werden können, die das jeweilige Handeln geleitet haben. Wenn die Bahn unseres Verhaltens keine im Letzten bestimmbare ist, ist sie auch keine im Letzten bestimmte. Wer über die Fähigkeit zu überlegen verfügt, für den ist es wie für alle anderen offen, was, soweit es an ihm liegt, aus ihm werden, woran ihm liegen und worauf er sich festlegen wird. Es ist offen, aber nicht allein für ihn und die anderen, die nun einmal nur aus einer begrenzten Umsicht und Übersicht handeln können, sondern schlechthin – in jeder denkbaren Hinsicht –, da es eine unbeschränkte Perspektive auf alles weder gibt noch geben kann. Es ist das Überlegen, das denen, die es können, eine offene, in ihren Verläufen unbestimmbare Zukunft eröffnet, die aus keiner dem Überlegen überlegenen Warte geschlossen werden kann.

355

Man darf die Indeterminiertheit der Welt nicht an der falschen Stelle suchen. Kein kausales Nichtbestimmtsein macht die Freiheit unseres Denkens und Handelns aus, sondern die Unbestimmtheit unseres Bestimmtseins durch Gründe. Da es keine Umgehung der Verständlichkeit unserer Gedanken und Absichten gibt, die uns unabhängig von deren verwinkelten Wegen sagen könnte, wohin es mit ihnen geht, und da jede Produktion von Bestimmtheit zugleich eine Produktion von Unbestimmtheit ist, bleibt die Welt des Handelns in wesentlichen Hinsichten eine ebenso unbestimmte und unbestimmbare. Kultur ist eben das: im Unbestimmten eine Bestimmung zu finden, die neue Unbestimmtheit erzeugt, die zu neuer Bestimmtheit führt, und so fort – ad infinitum. Das Indefinite ist das Infinite.

356

Fahrt auf der Autostrada in den Süden, es ist sonnenhelle Mittagszeit, ein Tunnel reiht sich an den anderen. Jedes Mal, wenn ich mit Tempo 100 oder mehr in den nächsten Tunnel hineinfahre, gibt es einen Augenblick, in dem sich gleißendes Licht in pure Schwärze verwandelt. Ich lenke den Wagen für einen Moment ins Nichts, bis das Auge sich umstellt und Lichter und Straßenspuren wieder sichtbar werden. Warum tue ich das? Weil die Fahrer vor mir es nicht anders machen, weil es so üblich ist, weil es meistens gutgeht und weil es außerdem gegen die Ehre wäre, jedes Mal ängstlich abzubremsen? Vermutlich – vermutlich aber auch, weil keiner der Verkehrsteilnehmer es anders will. Wir wollen ins Dunkle und aus ihm heraus. Wir wollen aus dem Dunkel heraus und in es hinein. Das Helle allein ist keinem genug.

357

Wie wir wissen, ist unsere Lage ungewiss, weswegen wir Rituale erfinden, in denen wir diese Ungewissheit genießen können. Früher waren das die Tragödien, heute sind es die Schauspiele des Sports.

358

Trotz aller Zufälle, von denen wir uns immer wieder überfallen fühlen – wir sind jene, die an ihrer Zufälligkeit Gefallen finden.

359

Es ist nicht wahr, dass wir Gewissheit wollen. Die haben wir schon. Wir wollen in Ungewissheit leben, freilich in einer, die nicht alle Gewissheit überschwemmt.

360

Wer Filme macht, lernt – selbst im Studio – die Effekte des Zufalls zu schätzen. Etwas kommt ins Bild, mit dem keiner gerechnet hat, beim Schnitt zeigen sich Bezüge, an die am Set keiner gedacht hat. Nicht anders beim Schreiben. Es kommen einem Sätze unter, die keiner im Sinn hatte, mit jeder Umstellung ändern sich die Bezüge, und die Leser schneiden alles wieder neu zusammen.

361

Ich versuche alles, was ich sage, klar zu sagen – so, dass ich selbst es begreifen kann. Sobald aber eins zum anderen kommt, drängt sich anderes anderes auf, wodurch alles wieder zu einem Rätsel wird, selbst wenn jedes der Rätsel gelöst werden könnte.

362

Wenn man eine Sache in vielen Hinsichten betrachtet, wird sie mysteriös. Einige gehen von da aus zur Mystik weiter, während es andere lieber beim Unbegreiflichen belassen.

363

Agnostiker sind jene, die es mit dem Willen zur Wahrheit nicht so weit treiben, dass nur noch ein seligmachender Glaube übrig bleibt; sie ziehen die Mysterien des Nichtwissens vor.

364

Wer sich wundern kann, braucht keine Wunder. Wer bewundern kann, muss die Knie nicht beugen.

365

Wie durch Geisterhand verheddert sich das Kopfhörerkabel meines iPods auf die verwickeltste Weise, sobald ich es für ein paar Stunden in die Tasche stecke. In umgekehrter Richtung entfaltet sich dieses Mirakel nie. Wenigstens etwas, worauf wir uns verlassen können. Was wir entwirren, lauert nur darauf, sich in Verwirrung zu stürzen.

366

Dem eigenen Schreiben nachhören: spüren, wo etwas falsch klingt, etwas faul ist, etwas nicht passt, eine Folgerung, eine Abfolge, der Aufbau, die Tonlage – ohne dieses Gefühl entsteht kein stimmiger Text. Ohne ein Ohr für das Ungefähre käme weder ein interessantes Argument noch sonst ein erfolgreicher Schritt ins Leben zustande.

367

Man kann Sätze und Texte herauf- und herabstimmen wie ein Saiteninstrument, aber hier wie dort lohnt es sich nur, wenn das Instrument so gebaut ist, dass es in allen Teilen mit seinen Klängen schwingt. (Nur dass im Schreiben das Instrument erst gebaut werden muss und danach die Aufführung schon vorbei ist.)

368

Wer Geschmack hat, kennt sich im Unsicheren und Unwägbaren aus, dort, wo Berechnung und Ableitung allein zu nichts führen, dort, wo es darauf ankommt, sich vom beinahe Unmerklichen leiten zu lassen und hierauf das Urteil zu bauen. Ein sicheres, aus Umsicht geborenes Urteil über heiklere Sachen – Personen, Parteien, Theorien, Mächte, Kriege, Rosenkriege, Objekte der Natur und der Kunst – kann nur haben, wer über die Übersicht erhaben ist.

369

In allem Bestimmen bestimmen wir uns auf Unbestimmtheit hin. Zwar wollen wir bestimmte Situationen meiden und andere erreichen; aber die, die wir in unserem Leben erreichen wollen, dürfen durch unsere Absichten noch nicht durchweg bestimmt sein, denn sonst könnten wir sie nicht erreichen wollen. Es wäre ja, sobald sie erreicht wären, schon alles vorbei. Erfüllung versprechen allein Situationen, in denen wir uns mit unserer Zustimmung, aber entgegen unserer Erwartung befinden. Wäre es anders, wäre es witzlos, sich zu verlieben, Kinder zu haben, Bücher zu schreiben, ein Spiel zu beginnen oder sonst etwas anzufangen, bei dem das Ende nicht schon im Voraus feststeht. In den wichtigsten Dingen bestimmen wir uns auf ein Bestimmtwerden hin.

370

Die Dinge entwickeln sich nur so, wie ich es will, wenn sie sich nicht so entwickeln, wie ich es wollte.

371

Being determined – geprägt und prägend, empfänglich und entschieden, bestimmt und bestimmend zu sein: anders können und müssen wir nicht sein.

372

Von allem, woran wir mit bejahter Leidenschaft Anteil nehmen, möchten wir berührt, bereichert, in Erstaunen versetzt, in Bann geschlagen und also verändert werden. Von jedem Überlegen, wie etwas ist und was etwas wert ist, möchten wir zu Einsichten geführt werden, die wir bis dahin nicht hatten und die folglich das weitere Denken modellieren. Von allen Entschlüssen, die nicht nur Schlüsse aus früheren ziehen, möchten wir in eine Situation geführt werden, die unsere Willkür durch etwas übersteigt, das in doppelter Bedeutung mit unserem Willen geschieht.

373

Mein Wille geschehe, lautet das Stoßgebet der rationalen Tiere.

374

Das autonome Subjekt ist nicht der Souverän seiner selbst. Liebes- und leidensfähiger als irgendein anderes, hat es das Schicksal, ab und an aus den Angeln gehoben zu werden. Nur geistlose Wesen verlieren nie ihren Kopf.

375

Das entfesselte Schreiben vollzieht sich entlang des ungeheuren Glücks und der ungeheuren Frustration, dass sich aus jeder gelungenen Zeile der Zwang ergibt, erneut die Richtung zu ändern, wieder in den Fluss zu steigen, sich vom gelobten Land zu entfernen und weiter in der Diaspora zu wildern. *I can't get no satisfaction*, diese Hymne auf das Verlangen, ist eine Fanfare auch der Schreibenden.

376

Der Tenorsaxophonist Archie Shepp hat mit seinem rauhen Spiel (und Gesang) den Free Jazz in den Blues und diesen in jenen überführt, so, dass in jedem Ausbruch ein Zusammenbruch, in jeder Verlangsamung eine Beschleunigung, in jedem Zögern ein Zorn, in jedem Zorn ein Zögern, in jeder Trauer ein Triumph und jedem Triumph die Trauer schwingt. Nur in der Schwermut liegt die Gabe, unserem Überschwang Kraft zu geben.

377

Eine Zeit lang verlieh das Schreiben eine zumindest akustische Macht. Wer nachts an der Schreibmaschine saß, bekam Ärger mit den Nachbarn, und auch bei Tag konnte man sich berauschen am Hämmern und Ballern der Tasten und Typen. Das Schaben des Stifts auf dem Papier war ein feines Kontrastprogramm zu dem Getöse, mit dem es an eine Endfassung ging. Von dieser Macht des Wortes ist nicht viel geblieben. Heute schreiben wir auf Geräten, denen die Aura einer Maschine ausgetrieben wurde. Man wünschte sich ein Schreibprogramm, wie es manche Computerspiele enthalten, das dem Tastendruck wieder einen Sound verpasste, den man dem Lärm der Welt entgegenstellen könnte. Doch es würde nichts helfen. Keine *software* bringt die verlorene *hardware* zurück.

378

Mein anfängliches Bild dessen, was ich hier tue, war das eines Tagebuchs, einer gänzlich ungeordneten Sammlung von Notaten und Notizen, die vom Hundertsten ins Tausendste und wieder zurück verlaufen sollte. Das ging nicht; man kann nicht künstlich etwas Unkünstliches machen (oder ich konnte es nicht). Außerdem war die Verlockung zu groß, etwas Choreographie ins Spiel zu bringen, mit kleineren und größeren Bögen zu arbeiten, Seufzerbrücken, Sprüngen und Digressionen, Motiven und ihrer Durchführung, ihrem Verebben und Wiederaufleben, mit einer Ordnung der Unordnung, die einander durchquerende

Passagen baut, die überall und nirgends enden. Auch das Werk der Zerstörung erwies sich als Sache einer Komposition, die der Regel gehorcht, keiner festen Regel zu gehorchen.

379

Während ich dieses Stück hier oder irgendein anderes schreibe, habe ich die nächsten Stücke, Eck- und Wendepunkte im Visier, es kommt etwas dazwischen, die Strecke dehnt sich, eine Abkürzung bietet sich an, ein Sprung, ein Rückgriff, ein Vorgriff, eine Beschleunigung, ein Aufschub, eine Pause für kleine Albernheiten. Gefahren lauern an jeder Kreuzung – Begriffsgeklimper, Schlaumeierei, Selbstbeweihräucherung, dazu die unheilige Allianz von Kitsch, Banalität und Bombast. Ich schiebe ein Geröll von unbehauenem Gestein vor mir her, das nach und nach unter die Kanten der Textmaschine gerät, um dort pulverisiert oder verwertet zu werden. Trotz meines Nichtwissens darüber, ob und wie es geht und weitergeht und wie es einmal sein wird, wäre es verkehrt, ja verrückt zu sagen, ich wüsste nicht, was ich hier tue. Nie wusste ich es mehr.

380

Beim Schreiben verhält es sich anders als in der Politik: Die Grausamkeiten dürfen nicht am Anfang, sie müssen am Ende der Wahlperiode begangen werden.

381

Als Kind hatte ich ein kleines Spielzeug, das aus einem roten Plastikrahmen und zwanzig miteinander verschienten weißen Plättchen bestand, die mit verschiedenen Buchstaben bedruckt waren. Schob man die Plättchen in der vorgesehenen Weise zurecht, ergab sich ein Sinnspruch, an den ich mich seither fast sklavisch gehalten habe: *Ohne Fleiß kein Preis.* In etwas anderem Rahmen bin ich bei diesem Zeitvertreib geblieben. Ich schiebe Textbausteine herum, bis sich ein anderer Sinn ergibt als der, den sie je für sich haben.

382

Das Rad neu erfinden – ja was denn sonst?

383

Philosophieren heißt übersetzen – ältere Gedanken über die Gewässer der Zeit in eine neuere Sprache tragen.

384

In New York brachte ich meine Wäsche jede Woche in einen unscheinbaren, von einer vietnamesischen Familie geführten Laden, in dem sich auf dem Boden die Berge der noch zu waschenden Sachen reihten, während sich die sauberen, in Packpapier eingeschlagenen Kleidungsstücke in den verwinkelten Regalen stapelten. Kam ich tags darauf wieder, um meine Lieferung abzuholen, ergab sich immer die gleiche Prozedur. Der *pater familias* nahm zerstreut meine Order entgegen, begab sich in den Schluchten seines Geschäfts auf die Suche, fand nichts, gab unverständliche Laute von sich, die von tiefer Ratlosigkeit zeugten, woraufhin der Sohn das Bügeleisen abstellte und seine Blicke ebenso erfolglos schweifen ließ, schließlich rief das beharrliche Klagen auch Nichten und Neffen herbei, bis endlich der Alte mit einem befriedigten Grunzen des richtigen Pakets habhaft wurde und es mir mit glückseligem Lächeln überreichte. Nie ist auch nur ein einziger Strumpf abhandengekommen. Das Chaos ist die bessere Ordnung, sofern findige Geister ihm huldigen. Das mit Filzstift eingetragene Signum W22 erinnerte mich noch Jahre später am Kragen meiner Hemden an fernöstliche Nonchalance.

385

Wenn es an der Zeit ist, im Haushalt Ordnung zu machen, bewegen sich die einen Schritt für Schritt; ein Raum nach dem anderen kommt an die Reihe. Die anderen fangen bei irgendetwas an, das liegengeblieben ist oder der Behandlung bedarf, und machen bei irgendetwas weiter, das ihnen als Nächstes ins Auge fällt. Von außen gesehen, geht der eine mit, der andere ohne Bedacht vor. Das Resultat ist das gleiche – am Ende ist alles so, wie es sein soll. Aber nur von außen gesehen. Der eine hat einen Plan erfüllt, der andere ist seinen Eingebungen gefolgt; was dem einen Arbeit war, war dem anderen Laisser-faire.

386

Zwei Ideologien des Aufräumens. Die eine unterliegt dem Glauben, dass alles seinen Platz hat, die andere begnügt sich damit, allem einen Platz zu geben – wissend, dass ohnehin alles nur darauf wartet, an andere Stelle zu rücken oder von anderen verrückt zu werden.

387

Es ist unmöglich, überall einen Sinn für Form zu haben. Menschen, die ihre Texte in Ordnung halten, gehen im Müll ihrer Zimmer unter, Leute, die ihre Depots oder Gärten fein konfigurieren, lassen in ihren Briefen Kraut und Rüben wachsen, bei denen mit dem aufgeräumten Auto sieht es daheim aus wie bei Hempels unterm Sofa, den Bürokraten geht der Körper aus dem Leim, denen, die ihren Körper in Form halten, fehlt die Kraft, die Schwächen ihrer Nächsten zu lieben. Wildwuchs ist eine Bedingung von Wuchs. Das Leben in Form zu bringen geht gegen die Natur.

388

Um wahrzunehmen, muss ich Dinge auf mich wirken lassen. Um zu begreifen, muss ich Begriffe übernehmen. Um zu urteilen, muss ich mich Urteilen unterwerfen. Um mich auf etwas zu richten, muss ich mich nach etwas richten. Anders geht es nicht. Anders kann ich meinem Spürsinn nicht folgen, meine Begriffe nicht bilden, zu meinen Urteilen nicht gelangen und meinen Weg nicht machen. Wir greifen nach der Welt, damit sie nach uns greift.

389

Wäre ich nicht umgeben von Möglichkeiten, die nicht die meinen sind, könnte ich meine nicht wahrnehmen und hätte selbst keine.

390

Denen, mit denen wir zusammen sind, geben wir Lizenz, uns zu verändern, bis zu dem Punkt, an dem wir sagen: »Da beißt du auf Granit.« Nicht, dass wir nicht diese weitere Eigenheit noch ablegen oder uns zulegen könnten, aber irgendwann ist es genug: Wir wollen uns nicht wissentlich nach dem Bild eines anderen, und sei es der Liebsten, formen. Da musst du mich nehmen, wie ich bin.

391

Bis hierher und nicht weiter: Wer gegenüber den Nahestehenden nicht hart bleiben kann, kann es auch gegenüber den Zumutungen der Gesellschaft nicht – sollte man denken. Aber so ist es nicht immer. Die einen können nur gegenüber den Ihren, die anderen nur gegenüber den Fremden Entschiedenheit zeigen. Natürliche Autorität dagegen besteht darin, beiden Seiten gegenüber in der richtigen, für die anderen nicht völlig berechenbaren Balance nachgiebig und unbeugsam zu sein.

392

Hinter jedem starken Nein steht ein starkes Ja. Nur wer gegen sich selbst und die Welt an entscheidenden Stellen keinen Widerstand leistet, kann an den entscheidenden Stellen Widerstand leisten.

393

Gewalt: Ich will den Widerstand der Welt brechen. Bei einer klemmenden Tür mag das angehen, in jeder wirklich verfahrenen Situation dagegen muss ich gegen den Wind navigieren, also meine Kräfte an den Gegenkräften steigern. Macht: Ich kann den Widerstand der Welt bremsen.

394

Manchen Menschen ist nicht zu helfen. In einigen Intercity-Zügen der Deutschen Bahn gibt es Türen, die sich nach einer unergründbaren Laune an manchen Tagen beim Halt erst nach 20 Sekunden öffnen lassen, wenn »der Druck weg ist«, wie die Schaffner sagen. Da steht nun einer und rüttelt und reißt an der Tür, in milder Panik, den vorgesehenen Halt zu verpassen. Vergebens reden die Pendler ihm zu, er solle sich doch einen Moment gedulden. Man würde ihn mit sanfter Gewalt zurückhalten, hätte man nicht den Eindruck, dass er seine Ohmacht an der Tücke des Objekts unter Beweis stellen will.

395

Glenn Gould, gefragt, wie er die äußerst schwierige Passage einer bestimmten Partitur bewältige, gab die knappe Antwort: »Never look at the battlefield.« Bloß nicht auf die Tasten schauen – das scheint keine brauchbare Anweisung für das Maschineschreiben zu sein. Und doch: Man soll nicht lange über seine Sätze grübeln, sondern mit leichter – wie mit linker – Hand schreiben, um später nach dem Rechten zu sehen. (So schreiben, als käme es nicht darauf an.)

396

Am Ende eines langen Fluges, schlafen hatte ich nicht können, schaltete ich, als es schon auf die Landung zuging, Stücke von Lester Young ein, jene lässigen, wie beiläufigen, doch immer beharrlichen, unverbindlich-verbindlichen Soli auf dem Tenorsaxophon, hörte auf seinen flachen, fast körperlosen, durch den Schwung der Läufe aber jederzeit körperlichen Klang, worüber ich schließlich einschlief, um nach der Ankunft nur zum Schein aufzuwachen, weiter auf jenes zögernd zwingende Spiel hörend, das ich längst ausgeschaltet hatte, bis ich, auf dem Hotelbett, beim erneuten Einschlafen, nur noch dachte: So möchte ich schreiben können – à la Lester.

397

Beim Schreiben nahm ich früher, wie mir in die Wiege gelegt worden war, immer den schweren, herkulischen Weg, nahm es mit allem auf, kämpfte mit Hingabe gegen Windmühlen, erklomm jeden vermeintlichen Gipfel, auch wenn es keinen interessierte. Heute weiche ich jeder Schwierigkeit aus, wechsle die Front, das Problem, das Textstück, den Text, sobald sich der Berg nicht zu mir bewegen will. Ergib dich!, sagte ich früher zu der Sache, die sich mir nicht fügen wollte. Ergib dich!, sage ich heute bei meiner Behandlung der Sachen, die ich umkreise. »Gib's auf« – keine schlechte Maxime für die, die um keinen Preis zur Aufgabe bereit sind.

398

Geduld ist die Tugend der Unnachgiebigen.

399

Aphoristiker haben eine Engelsgeduld – sie warten einfach, bis sie zu ihren Sätzen kommen.

400

Passivität ist das Ziel der Aktivität, nicht umgekehrt. Die *vita activa* kann mit der *vita passiva* nur mithalten, wenn sie diese zu sich einzuladen vermag.

401

Energie gegen den Energieverlust der Ekstase tauschen: In den Agonien der Verausgabung berühren sich Gesundheit und Krankheit.

402

Durch die Jahrhunderte hinweg werden jahraus, jahrein ungeheure Anstrengungen unternommen, nur um immer neue Kultstätten einer freiwilligen Gefangennahme zu errichten – Tempel, Kirchen, Kolosseen, Bordelle, Bahnhöfe, Wolkenkratzer, Einkaufszentren, Alleen, Parks, Gärten, Landschaftsgärten, Philosophien und all die anderen Arenen der Kunst. Alle Bewegung gilt dem Bewegtsein. (Selbst die Jogger können ein Lied davon singen.)

403

Alles Geld, das im Umlauf ist, und der ganze Umlauf dazu, hätte für seine glücklichen Besitzer vor allem den Sinn, sich das Nichtleisten leisten zu können, wozu freilich nur eine kleine Aristokratie imstande ist, der seltsamerweise nicht wenige derer angehören, die über die geringsten Mittel verfügen.

404

Kunst verlangt Opfer – nicht so sehr vonseiten der Künstler, die sich auf ihre Weise quälen müssen wie alle anderen auch, sondern vonseiten der Leser, Hörer und Betrachter, denen die Bereitschaft abverlangt wird, sich zum Objekt einer Übertragung durch Objekte zu machen, die der Therapie durch irgendein Subjekt widerstehen.

405

Sich gehen lassen: Alle Orgien, die im Bett wie die im Büro, sind zuletzt Orgien der Passivität.

406

Alle Pflichten, die gegenüber anderen wie die gegenüber sich selbst, zielen am Ende darauf, sie oder sich gehen zu lassen.

407

Es gehört Kontrolle dazu, die Kontrolle zu lockern; eben das, diese Lockerung, ist der Sinn von Kontrolle.

408

Königlicher Komfort: Ohne allen Verdruss lässt sich das Kleinkind von allen herumschieben. In seinem Wagen liegend oder sitzend, starrt und blickt, hört und horcht es, döst weg, wacht auf, überlässt sich den Wonnen der reinen Betrachtung. Kaum wird es älter, fängt es zu zetern an und will selbst den Gang der Dinge bestimmen, während die Alten in ihren eisernen Sänften darüber klagen, nicht mehr Herr ihrer Lage zu sein.

409

Kontemplation: Im Vollbesitz ihrer Kräfte versetzen sich die Erwachsenen in den Genuss eines kindlichen Privilegs.

410

Obwohl sich mein Vater an seinen Rollator gewöhnt hat, fällt ihm das Gehen durch die Flure des Wohnstifts immer schwerer. Von einem Rollstuhl aber will er nichts wissen: »Ich will nicht kapitulieren.« Also bewegt er sich schleppend vorwärts und teilt sich die lange Strecke zum Mittagstisch in Etappen ein, nimmt an festgelegten Punkten Platz oder ruht sich mit einem Griff an der Laufstange aus. Beim Rückweg nimmt er den letzten Stopp an der Wohnung einer Erika Sowieso, die er nicht kennt, deren Vorname ihn aber an eine Apothekerstochter aus Gießen erinnert, das erste Mädchen, das er vor 70 Jahren küsste. »Ein Gruß an Erika«, lautet der einsame Toast, der ihm die Kraft für die restlichen Meter gibt.

411

Wenn ich meine Mutter im Rollstuhl durch den Park schiebe, ermuntere ich sie mit Worten, die sie nicht versteht, und Gesten, denen sie nur manchmal folgt, zum Hören und Sehen von etwas Bestimmtem. Die Fähigkeit, sich grundlos auf dies oder das zu richten, einfach weil es erscheint, wie es erscheint, hat sie verloren. Es ist ein Glück, meines jedenfalls und vielleicht auch ihres, wenn ihr Blick eine Blume, einen Vogel einfängt, ihr Ohr ein Zwitschern vernimmt, bevor die Dämmerung mitten am Tag wieder die Oberhand gewinnt.

412

In Oslo bewohnte ich ein Appartement, von dem aus ich an meinem Schreibtisch, wohin mich das durch die dünnen Wände dringende Rumoren im Morgengrauen trieb, auf das dritte Stockwerk eines Postgebäudes blickte, dessen Fenster als einzige bereits erleuchtet waren. In mehreren, miteinander verbundenen, weiß gestrichenen Räumen waren die Angestellten, Männer und Frauen, die bis auf wenige eine rote Weste trugen, mit dem Sortieren der Post beschäftigt, liefen an den mit vielen Fächern versehenen Regalen entlang, rote Behälter wurden hin- und hergetragen oder geschoben. Mal blieben die Beschäftigten stehen, plauderten, schäkerten, tranken einen Schluck, und fuhren mit ihrer Tätigkeit fort. Je heller es draußen wurde, desto mehr verblasste die Szene und löste sich, auch weil die Arbeit getan war und die Austräger das Gebäude verließen, nach und nach im Licht des Tages auf. Nur am Sonntag blieb das Stockwerk dunkel. Am Montag ging das Schauspiel von vorne los, und ein Schauspiel war es. Diese Leute übten die Tätigkeit aus, mit der sie ihr Auskommen verdienten, in einem gleichmäßigen, mal beschleunigten, mal verlangsamten Rhythmus, wodurch sie für das Auge des Betrachters ein in Rot und Weiß gehaltenes Ballett aufführten, zu dem ich manchmal eine beschwingte Musik spielen ließ. Wem die Künste etwas sagen, findet eine Performance überall.

413

Beim Gang durchs Museum verweilen wir nie bei allem, was ein Verweilen lohnte, denn dafür hat keiner die Zeit. Wir lauern auf unser Verweilen – darauf, welches der Exponate heute unsere Aufmerksamkeit zu fesseln vermag. Wir lauern *uns* auf: in der Begegnung mit Werken, die uns sagen, was uns unwillkürlich etwas sagt.

414

Etwas Unvorhersehbares tun: Künstler sind Agenten unserer Freiheit.

415

Wie leicht gebe ich eine Meinung, eine Absicht auf, verglichen mit meinen Aversionen und Affinitäten! Was mir gegen den Strich geht oder ganz auf meiner Linie liegt – unsere stabilsten Reaktionen sind die ästhetischen, weswegen sie von der Kunst unermüdlich erschüttert werden.

416

Verglichen mit Sport, Sex und anderen Praktiken der Verausgabung spenden viele der Künste ein vergleichsweise immaterielles oder, wie es früher hieß, spirituelles Vergnügen – eine Versenkung in die Welt im Zustand einer kurzzeitigen und oft kurzweiligen Befreiung von ihr; eine Bindung ans Ungebundene in Leib und Leben. Umfangen und herausgehoben, entfesselt und gefesselt, ganz dabei und ganz entrückt, bis ins Mark erschüttert und vor allem geschützt, unbelangbar und getroffen – in diese Stellung versetzen uns zumal die Musik und ihre wilde kleine Schwester, das Kino.

417

Wohnungssuche: der bis zum Vertragsabschluss kostenlose Eintritt in Varianten der eigenen Zukunft, denen wir die Gegenwart noch verweigern können, es sei denn, wir entschließen uns, mit einer eine Affäre zu beginnen.

418

Aussichtsreich ist ein Leben, dessen Sicht weder nach vorne noch nach hinten verstellt ist – eines, das sich, je näher es dem Ende seiner Strecke kommt, desto mehr im Rückblick auf das Erlebte neu zu erleben vermag. Auch was hinter uns liegt, steht uns weiter bevor.

419

Das endliche Leben, und nur es, ist das unendliche – stets übersteigt es den Horizont derer, die an ihm hängen.

420

Surrender of the fittest. Je gebrechlicher der Hund wird, desto besser schmiegt er sich seiner Umgebung an: dem Erdboden, auf dem er liegt, dem Körper derjenigen, die ihn von hier nach da tragen, der Rundung des Korbs, mit dem er eins zu werden scheint, schließlich den Kanten des Behälters, in dem er entsorgt wird. Wem die Anpassung ganz gelingt, ist für immer verloren.

421

Man kann das Lob der Endlichkeit so gut und so lange singen, wie man will, es nimmt dem Tod nichts von seinem Schrecken. Denn wir, die wir mit der Endlichkeit einverstanden und zu keinem Tausch mit einer todlosen Existenz bereit sind, wollen, solange wir zu Aufmerksamkeit und Anteilnahme fähig sind, nicht gerade jetzt sterben. Was wir wünschen, ist ein nicht enden wollendes endliches Leben, das uns wieder und wieder eine Zugabe gewährt.

422

Wer meint, ein sinnvolles Leben zu führen, hat deswegen Grund, den Tod zugleich wenig und doch ganz besonders zu fürchten: Er hat fast alles erreicht und steht daher vor dem Verlust von allem. Wer meint, ein sinnloses Leben zu führen, hat deswegen Grund, den Tod zugleich wenig und doch über die Maßen zu fürchten: Er hat fast nichts zu verlieren und daher noch alles zu gewinnen.

423

Ein Abend im August, es ist dunkel geworden, nach drei Wochen ist die Ernte eingefahren. Der siebzigjährige Bauer, Stunde um Stunde ist er von dem Schlepper durchgerüttelt worden, steht leicht gebückt in der Küche. In der Hand hält er eine Fliegenklatsche aus Plastik (roter Stiel, weißes Fanggitter), mit der er die Bewegungen seiner Opfer taxiert. Ob er froh sei, es überstanden zu haben, frage ich. Nein, er könne noch wochenlang weitermachen, sagt er, der sein Leben lang über seine Gebrechen geklagt hat. Mit federnden Bewegungen schätzt er das Verhalten der nächsten Fliege ab, schlägt zu, erlegt sie, das Geräusch ist noch auf dem Flur zu hören, als ich zu Bett gehe: Kraftäußerung, egal wie, Hauptsache, es ist noch nicht überstanden.

424

Es ist überstanden: Mehr als eine vorübergehende Erleichterung, wenngleich manchmal eine »unendliche«, verschafft uns dies nicht. Es ist vorbei: Darin liegt der Schrecken. Ich habe es getan, ich habe es versäumt, ich habe es zugelassen – und kann es nicht ungeschehen machen. Glück ist reversibel und nur solange Glück. Es ist das Unglück, das unvergänglich ist.

425

Der Bluterguss, den die Infusionen in der Armbeuge meiner Mutter verursacht haben, breitet sich nach wenigen Tagen über den ganzen Arm aus. Als ich sie wiedersehe, ist er blauschwarz, wie verkohlt, doch bei der Berührung warm und weich wie immer. Der Tod setzt seine Zeichen schon am lebendigen Leib.

426

Das Schlimme an meinem Ende ist nicht, dass alles aufhört, sondern dass alles weitergeht. Ich werde übergangen. Die Zeit, und alles mit ihr, macht einen leichten Schritt über mich hinweg. So sehr ich mich damit abfinden kann, nicht der Nabel der Welt zu sein – nicht mehr wenigstens vom hintersten Rang dem Treiben der Welt zusehen zu dürfen, verletzt meinen Stolz. Die Show fährt ohne mich fort. Dennoch, wer es hinnehmen kann, selbst im größten Jubel, im Applaus der Menge, im Flackern der Liebe, eine Randfigur zu sein; wer erfahren hat, dass auch die anderen, die, die im Licht, nicht weniger als die, die im Schatten stehen, auch nicht mehr als das sind, Randfiguren, vermag sogar aus seiner bevorstehenden Vertreibung aus dem Stadium des Lebens ein sehr irdisches Vergnügen zu beziehen – das des Humors.

427

Das Leben zu ernst zu nehmen heißt, es nicht ernst genug zu nehmen, da hinter fast jedem Schrecken die Freude und fast jeder Freude der Schrecken lauert, hinter fast jeder Absurdität ein Sinn und hinter jedem Sinn die Absurdität.

428

Gelassenheit hat, wer Gefallen an der eigenen Endlichkeit findet.

429

Diejenigen, die den Tod nicht fürchten, Schwerkranke oder solche, die sich zu Märtyrern haben berufen lassen, vermögen in ihm eine Erlösung zu sehen. Das muss nicht religiös verstanden werden. Nicht etwas, sondern alles zu lassen, ist eine fast natürliche Verlockung. Von allem, der Qual, dem Leiden, der Sorge, dem Zweifel, der Ungewissheit, der Unwägbarkeit, wie viel Gramm Freude ihnen auch beigemengt sei, befreit zu sein, wer wünscht sich das nicht einmal. Aber die Erfüllung dieses Wunsches kann sich nur wünschen, wer tatsächlich aus allem raus und also gar nicht mehr sein will.

430

Erlösung geht nicht. Sie ist kein Zustand des Lebens – weder unseres noch überhaupt eines denkbaren. »Sie ist erlöst«, sagen wir nur, wenn der Tod einem qualvollen Leiden ein Ende gemacht hat. Von allen Übeln erlöst, aller Sorgen ledig zu sein, hieße keines Erlebens mehr fähig zu sein. Ein gänzlich sorgenfreies wäre zugleich ein gänzlich sorgloses Leben und damit eines, was wir weder im eigenen Interesse noch in dem der anderen wollen können. In ihm ginge es um nichts. Sobald uns aber an etwas liegt, sorgen wir uns darum (und um unsere Sorge darum), womit Leidenschaft im Spiel ist – und mit ihr dasjenige Leiden, das uns fehlt, sobald es uns fehlt. Umso mehr dürfen wir uns an partieller Erlösung erfreuen: in Augenblicken, in denen wir uns zwar nicht von aller, aber doch von einer Last befreit fühlen, und dann mit gutem Grund sagen: »Ich bin erlöst.«

431

Dann und wann Erleichterung, dann und wann Erleuchtung – damit kommen wir aus.

432

Im Augenblick der Erleuchtung scheint plötzlich alles klar – darin besteht sie. Sobald man diese Klarheit festzuhalten sucht, folgt die Ernüchterung auf dem Fuß: Es ist nicht alles, sondern nur etwas, das mir aufgegangen ist.

433

Das religiöse Bedürfnis hat eine seiner Wurzeln in dem Wunsch, sich bestimmen zu lassen, aber dieser Wunsch ist nicht das religiöse Bedürfnis. Etwas zu finden, worauf ich vertrauen kann, das Autorität über mich hat, über mich hinausgeht, nicht in meiner Macht liegt und mir gerade darum Macht verleiht – dergleichen findet sich überall. Schon Wahrnehmungen und Gründe vermögen dieses Kriterium zu erfüllen – sie geben mir etwas, an das ich mich halten kann; Eltern versuchen es gegenüber ihren Kindern; andere Personen tun es für wenige oder viele andere; Institutionen aller Art können die Gelegenheit zu Daseinsformen bieten, die niemand allein für sich einrichten kann. Bei alldem aber gibt es keine andere Instanz als diejenigen, die allein oder gemeinsam zu dieser oder jener Bestimmtheit gelangen. Wem es hilft, mag das Verbindende und Verbindliche in abgelegenen äußeren oder inneren Sphären suchen. Doch das ändert nichts daran, dass es die Menschen sind, an denen es liegt, etwas aus sich werden zu lassen.

434
Soweit Religionen Praktiken des Innehaltens und der Versenkung bereitstellen, erweist sich die Spaltung zwischen Gläubigen und Ungläubigen als zweitrangig gegenüber der zwischen denen, die der bloßen Betrachtung zugeneigt, und denen, die ihr abgeneigt sind. In der Welt einen Abstand – nicht zur Welt, sondern zum üblichen Befangensein in ihr – zu gewinnen, ist der Kern des kontemplativen Verhaltens. Für diese Transzendenz muss man an nichts Transzendentes glauben. Es reicht – und manche finden es reicher –, ohne weiteren Zweck beim Hier und Jetzt der Welt zu verweilen. Hier findet sich alles, was für einen Ausstieg aus der Starrheit des Meinens und der Gier des Wollens vonnöten ist. Die Abwendung vom Getriebe der Welt kann durch die schlichte Hinwendung an die Fülle ihres Erscheinens geschehen. Jede Weißdornhecke, jeder Tümpel, jeder Bahnhofsvorplatz ist gut genug.

435
Ästhetische Natur: Entrückung in den Augenblick hier und jetzt.
Ästhetische Kunst: Entrückung in einen Augenblick jetzt und nie.

436

Weltvertrauen mit Weltmisstrauen zu kombinieren – die große Kunst vieler Religionen lehrt auch diejenigen, die keine haben, im Einklang mit der Dissonanz zu leben.

437

Seit ihren Anfängen lebt die Philosophie von dem Ehrgeiz, die Gehalte des Mythos in ihre eigene Rede zu übertragen, wobei sie die Finessen der Literatur nicht durchweg verachtet hat. Insofern ist die Philosophie von Anfang an agnostisch: Sie glaubt nicht daran, dass es zum Verständnis unserer selbst einer exklusiven Sprache der Offenbarung bedarf. In ihrem Bemühen, die Kundschaft empfänglich und empfindlich dafür zu machen, was wirklich zählt, führt sie von alters her eine Art *drum-battle* mit der Religion, aus der oft genug die Musik als lachende Dritte hervorgegangen ist.

438

Das A und O der Künste ist Rhythmus, *timing*, innere Prozessualität – weswegen die Musik ihren Wettstreit ein ums andere Mal gewinnt. Im Reden, Schreiben, Bauen und überall sonst unterscheidet sich Kunst von Nichtkunst durch eine bewegte und bewegende Organisation der Zeit. (Rhythmus in diesem Sinn hat der späte Beethoven so gut wie der späte Webern.)

439

Aus der begrenzten Zeit etwas machen – das macht die Musik uns vor.

440

Stil ist aufmerksamer Umgang mit sozialer Zeit: ein habituell gewordenes Bewusstsein davon, was wann angebracht ist.

441

Geschmacklosigkeit – eine Unbeholfenheit in der Wahl von Mitteln, Wegen, Ausdrucksweisen und Lebensformen, die entweder aus einem mangelnden Sinn dafür resultiert, dass es hier etwas zu wählen gibt, oder aber aus dem irrigen Glauben, die Tatsache, dass diese Wahlen etwas Beliebiges haben, führe zu einer Beliebigkeit der Wahl.

442

Wer Geschmack nur am eigenen Geschmack findet, hat ihn noch nicht.

443

Schlechten Geschmack soll man verschmähen und darf man verachten, muss ihn aber so lange tolerieren, als er seinerseits bereit ist, den guten zu ertragen.

444

Gefallen am Gefallen der anderen ist das A und O – der Ausgangs- und Höhepunkt – der Moral, aber nicht ihre Basis, die in einem Gefallen am Gefallen *der* anderen liegt, die so frei sind, Gefallen am Gefallen anderer zu finden.

445

Ästhetische Wahrnehmung betrachtet die Dinge ohne Rücksicht auf die Zwecke, die sie ansonsten haben. Das ist ihr Zweck. Rücksichtslosigkeit ist eine starke Quelle der Rücksicht. Wer sich um das Besondere nicht schert, ist das Allgemeine nicht wert.

446

Kunst, Religion, Philosophie und ein paar andere Leidenschaften kann man über ihren Nutzen nicht definieren, was nicht heißt, dass sie keinen hätten. Sie haben ihn, weil sie nicht nach dem Nutzen schauen, sondern darauf, wozu das Nützliche gut ist.

447

»Dazu bin ich nicht da.« – »Dafür lebe ich nicht.« Ohne eine negative Teleologie kommen nur wenige aus. Jeder positiven – »Das ist mein Ding«; »Das ist mein Leben« – ist sie weit überlegen, da wir dafür, wofür wir glauben können, da zu sein, nur da sind, solange das, wovon wir glauben, es sei für uns da, noch nicht ganz da ist.

448

Werte lungern nicht herum wie diejenigen Wesenheiten, nach denen wir mit Fernrohr oder Teilchenbeschleuniger Ausschau halten. Sie sind historisch verwirklichte oder zu verwirklichende, absehbare oder ausdenkbare Handlungsmöglichkeiten, die auf die eine oder andere Weise als gut erscheinen: als gut für Jemande einer bestimmten Art. Der Plural ist wichtig. Werte sind Wege, die für unbestimmt viele lohnend sind. Was nur für eine oder einen Wert hätte, hätte keinen. Dass etwas nicht nur für mich etwas ist, macht es zu etwas, das auch für mich etwas ist. Was gut ist, ist für Beliebige gut.

449

Zwar gibt es Dinge, die nur für einen einzigen eine unvergleichliche Bedeutung haben, so wie die Rasierschüssel seines sterbenden Vaters für den Ich-Erzähler in Philip Roths Erzählung *Mein Leben als Sohn* – Dinge von »sentimentalem Wert«, die möglicherweise keinem anderen etwas bedeuten. Gerade dieses sehr persönliche Verhältnis aber ist hier ein Wert, der durch ganz unterschiedliche Objekte, Situationen und Erinnerungen erfüllt werden kann (Roth lesend, fragte ich mich, wo die hölzerne Rasierschüssel meines Vaters geblieben ist). Zwar gibt es Dinge, die möglicherweise nur für einen einzigen gut sind, etwa eine Kombination von Medikamenten; aber sie sind gut für jemanden mit seiner Konstitution, die eben auch ein anderer haben könnte. Zwar gibt es Dinge, von denen nur ein einziger, und darüber hinaus solche, von denen gar keiner erkennt, was für ein Wert in ihnen liegt; aber sie haben ihn, wie sich zeigen würde, sobald jemand daran einen Gefallen oder darin einen Nutzen fände. Auch unentdeckte Möglichkeiten gibt es. Doch sie existieren nur aus der hypothetischen Warte derer, denen sich hier etwas von Wert erschließen könnte. Die »Dinge«, denen auf diese Weise ein aktueller oder potentieller Wert zukommt, mögen Objekte dieser oder jener Art sein, Situationen, Handlungen, Handlungsweisen und Weiteres mehr; immer sind sie Gelegenheiten des Erlebens und damit des Lebens: Gelegenheiten, die sich als entgegenkommend, ermutigend, lohnend oder berauschend erwiesen haben (oder erweisen würden), in Abhebung von denen, die als einschränkend, erschreckend, beklemmend oder zerstörend erfahren wurden (oder würden). Auch das Schlechte gibt es. Wie das Gute ist es nicht »an sich« irgendwo da, sondern nur für solche – wie die Menschen –, die es im Unterschied zum Förderlichen als behindernd erkennen oder erkennen könnten.

450

Jedes Gut ist ein teilbares und darum auch mitteilbares Gut. Darin liegt die Objektivität des Guten und entsprechend des Schlechten: dass wir einander zeigen – oder zu zeigen versuchen – können, dass und warum es für jemanden (wie mich, wie dich, wie unsereinen oder irgendeinen) aktuell oder potentiell gut oder schlecht ist.

451

So verschieden die Geschmäcker sind, Geschmack ist etwas, das die reine Vorliebe und Abneigung überschreitet. Wer an etwas, was es auch sei, Geschmack findet, wird nicht nur sagen, »ich mag das«, sondern »ich finde das gut« und stärker noch, sobald er seiner Sache sicher ist, »das *ist* gut« (oder »schön«). Geschmack ist ein Unterscheidungsvermögen, das die eigene Wertschätzung vom bloßen Mögen unterscheidet; er führt zu einem Gespür für Unterschiede in den Sachen über die Unterschiede im Spüren hinaus; er leitet zu Urteilen, die vom Spiel der Kräfte in der Welt etwas aufzunehmen und weiterzugeben vermögen; er gibt uns Kraft, uns nicht nur an das zu halten, wofür wir uns halten.

452

Was für Beliebige gut ist, ist es noch lange nicht für alle. Gibt es denn etwas, das für alle gut ist oder wäre? Aber ja: in der Lage zu sein, sich an das aus eigener Einschätzung Gute zu halten, und folglich: nach eigenem Gusto zu leben. Hierzu in der Lage zu sein jedoch liegt nicht in der Hand der Einzelnen allein. Ihre Fähigkeiten zur Selbstlenkung sind an soziale und politische Bedingungen gebunden, unter denen sie sich einigermaßen entfalten können – oder gegen die sie sich entfalten müssen. Rückhalt ist beides, denn auch die Revolte schafft Verbindungen unter den Menschen, in denen sie auf eigene Gefahr nach ihren Vorstellungen zu leben versuchen.

453

Die Verbindung unter bestimmten Menschen reicht unbestimmt weit. Wie eng Eltern mit ihren Kindern, Liebende und Hassende miteinander, Geschäftsleute mit ihren Kunden, selbst Hagestolze mit ihren Hunden verbunden – über sie informiert, mit ihnen bekannt, in vieles eingeweiht, sich nah, sich fern, einander verpflichtet oder ohne größere Verpflichtungen – sind, das steht nie genau fest, solange sie überhaupt Umgang miteinander haben, da noch der vertrauteste Umgang einer ist, bei dem sich die Distanzen andauernd verändern, solange beide Seiten sich überhaupt in ihm bewegen. Zwar mögen im Notfall die Gerichte ein Sagen haben, doch kein persönliches Verhältnis geht in rechtlichen Beziehungen auf; denn persönliche Verhältnisse gehen nicht auf. Von Anfang bis Ende ist ihnen etwas Unpersönliches beigemischt, wie es unser Verhältnis zu den Leuten unseres Landes oder unserer Sprache dominiert, mit denen wir weder etwas zu tun haben noch zu tun haben wollen, ganz zu schweigen von Menschen aus anderen Weltgegenden, von denen wir nichts wissen und nur wenig verstehen. So nah wir den einen, so fern wir den anderen sind, es gibt keine ein für alle Mal feststehende Demarkationslinie zwischen Vertrautheit und Fremdheit, nur das Vexierspiel von aufscheinender Vertrautheit und aufscheinender Fremdheit, das uns auch an unsere Nächsten glücklich oder unglücklich fesselt. Die Verbindung unter den Menschen reicht unbegrenzt weit.

454

In uns selbst und den anderen ruht immer schon ein (weiterer) anderer. In jedem bestimmten anderen steckt der beliebige andere. Das ist der Grund, warum nicht allein einige, sondern alle ein Recht auf unsere Rücksicht haben, wie wir eines auf ihre. Um einige dürfen und müssen wir uns in besonderem Maß kümmern, den anderen gegenüber reicht es, dass sie uns nicht gleichgültig sind, wie gleichgültig sie uns ansonsten auch sein mögen. (Aufgabe der Politik: diese nicht-gleichgültige Gleichgültigkeit so zu gestalten, dass alle einen Raum für Teilnahme und Anteilnahme haben.)

455

Ich verabschiede mich von meiner Mutter – sie hebt die Hand zu einem halben Winken; als ich durch die Glastür gehe, sehe ich schon, wie sie sich einem Dritten zuwendet, der mich aus ihrem Dasein löscht.

456

Von einem Tag auf den anderen, nur einen Anfall später, ist meine Mutter zur Greisin geworden. Mit ungewaschenem, plötzlich vom Grauen ins Weiße umgeschlagenem Haar trägt ihr jetzt dünnhäutiges Gesicht einen verschwörerischen Ausdruck, der von Geheimnissen zeugt, die sich nicht mehr aussprechen lassen.

457

Ein eiskalter Morgen in Chicago, noch ist die Stadt nur vom Rauschen der Klimageneratoren erfüllt. In einem Schaufenster sticht ein seltsames, der Eleganz der Auslagen widerstreitendes Arrangement ins Auge, das keines ist: eine *displaced person*, ein Mann?, eine Frau?, die zusammengekauert auf ihrer Habe sitzt und schläft. Der Kopf ist nach vorne gesunken, die verfilzten Haare verhüllen das Gesicht, neben sich hat sie einen Kaffeebecher stehen und eine hellbraune Ledertasche. Für eine Nacht hat sie es geschafft, im Foyer einer Bank unterzukommen, atmet nun gleichmäßig wie eine bewegte Skulptur. Sie stürzt den Betrachter in umgekehrter Weise in Verwirrung wie jene Museumswärter, die sich bei näherem Hinsehen als Ausstellungsobjekte erweisen, die unter der Obhut eines missmutigen Aufpassers stehen.

458

Depression: Mir stehen die Dinge nicht mehr zu Gebot. Sie weigern sich, meinen Handhabungen zu gehorchen, sie entgleiten mir wie alles Übrige auch. Selbst mein Schmecken gilt nur noch dem Geschmack in meinem Mund. So werde ich für jede Verletzung dankbar, die mir wenigstens die Lust eines Schmerzes vergönnt.

459

Auf dem Flur der Station, in der mein Kind behandelt wird, sehe ich von hinten einen mir unbekannten Arzt, der mit Angehörigen eines Patienten spricht und danach schwungvoll abdreht; sofort, aus der Halbdistanz, ohne etwas von ihm zu wissen, denke ich: Was für ein Idiot. So kannst du nicht urteilen, sagt die, in deren Begleitung ich bin. Aber es stellt sich heraus, er ist ein Idiot. Unser Takt, und auch der fehlende, steckt uns in den Knochen, macht sich schon im Stehen und Gehen bemerkbar, noch bevor er zur Anwendung kommt. Zarte Empirie ist eine grausame Kunst.

460

»Die Welt ist ungerecht«, und das ist sie fürwahr. Arm oder reich, stark oder schwach werden die Menschen geboren, die einen kämpfen gegen die Krankheit an und erliegen ihr, die anderen resignieren und kommen noch einmal durch, eine Flutwelle spült Zehntausende in den Tod, einfach so, oder weil es kein Frühwarnsystem gibt wie in den wohlhabenden Regionen, der Krieg gegen den Terror bringt heilige Krieger hervor, für jede gefallene Mauer wachsen woanders die Schutzzäune hoch, der Tourismus zerfrisst Strände und Gebirge, die Kühlsysteme heizen die Atmosphäre auf, Utopisten denken sich Gesellschaften aus, in denen alle allen alles missgönnen werden, in die früheren Zeiten, in denen angeblich noch eine Ordnung herrschte, will auch keiner zurück, der Nobelpreis erwischt die Falschen, der Lottokönig gewinnt ein zweites und drittes Mal, »erst hat das Glück gefehlt und dann kam noch Pech dazu«, klagt der Fußballer, vom Potentaten bis zum ehrlichen Makler sind alle überfordert, was wäre unter diesen Umständen in der ungerechten eine gerechtere Welt? Eine, in der jede und jeder sich selbst gerecht werden könnte.

461

Let's do our duty, let's fall in love, möchte man frei nach Billie Holiday mit melancholischer Inbrunst sagen. Es gibt eine Pflicht vor allen Pflichten: sich an das zu halten, worin nur du und ich uns zu halten vermögen. Dass wir tun, was wir uns schuldig sind, gibt uns den *push,* zu tun, was wir anderen schulden.

462

Anstand – die Balance wahren zwischen den Ansprüchen an sich selbst und denen der Welt an einen.

463

Fürsorge – es den anderen, wenn sie es sich zu leicht machen, schwerer, und wenn sie es sich zu schwer machen, leichter machen; die, die es leicht haben, in Ruhe, und denen, die es schwer haben, Ruhe zu lassen.

464

Tugenden sind dazu da, das eigene Gute im Auge zu behalten, ohne das Wohl der anderen aus dem Auge zu verlieren; sie sollen uns dahin leiten, die Missachtung unserer selbst und der anderen nicht überhandnehmen zu lassen. Das ist kein Ziel wie jedes andere. Was man sich auch zum Ziel setzen mag, die Tugenden geben der Verfolgung dieser Ziele eine Form, die selbst ein Zweck ist, einer aber, der sich allein im Zug der Verfolgung anderer Zwecke erfüllt. Man kann hier nicht ans Ziel kommen, sondern sich nur – leidlich, schwankend, schlingernd – auf Kurs halten, solange man die Kraft hat, überhaupt einen Kurs zu halten. Wenn dieses Ziel, das keines ist, erreicht ist, hat man alles erreicht, möglicherweise ohne irgendetwas im Leben »erreicht« zu haben. Moral eröffnet die Möglichkeit, in der Welt zu scheitern, ohne vor ihr zu scheitern.

465

Es gibt Reisen, bei denen man sich wünscht, sie möchten nie aufhören, weil anzukommen hieße, sich wieder in festen Bahnen zu bewegen. Eine Reise, die nie aufhört, immer neue Ziele ansteuert und immer andere Strecken nimmt – dieses günstige Angebot macht allein das Büro der Tugend.

466

Bekanntlich ist das Schöne eine Spezies des Guten, denn »schön« wird alles genannt, was ohne weiteres als gut erfahren wird – gut nicht (allein) für etwas anderes, sondern in sich selbst. Ein schöner Beweis, eine schöne Handlung, eine schöne Veranstaltung, ein schöner Zug von dir (mich ausschlafen zu lassen): Sie alle genügen einer Grundbedingung des Schönen – so zu *sein*, dass es für sich genommen die Sache wert ist.

In einem stärkeren Sinn schön aber ist, was auch eine zweite Bedingung erfüllt – so zu *erscheinen*, dass es sich als etwas für sich genommen Gutes zeigt. Erst hier gewinnt die Rede vom Schönen ihren eigentlich ästhetischen Sinn. Was seinen Zweck in sich selbst hat und in diesem vorästhetischen Sinn schön ist, muss in seinem Gutsein nicht eigens erscheinen; gewinnt es aber diese Ausstrahlung, ist es allemal schöner. Das für sich genommen Gute offenbart sich hier dem sinnlichen Vernehmen: Der schlüssige Beweis ist elegant, die zuvorkommende Handlung drückt das in ihr liegende Wohlwollen aus, die Veranstaltung findet bei bestem Wetter statt, die Fürsorge leuchtet in deinen Augen. So sehr das Gute in Fällen wie diesen von seinem Erscheinen als Gutem getrennt werden kann, erst dieses unwahrscheinliche Erscheinen macht vollends gegenwärtig, was es denn ist: etwas um seiner selbst willen Gutes.

Nochmals schöner aber ist dasjenige Gute, das allein kraft seines Erscheinens in die Welt tritt, womit es einer weiteren Bedingung des Schönen genügt: etwas in sich selbst Gutes zu sein, das von den Sensationen seines Erscheinens überhaupt nicht zu trennen ist. In bewegenden Landschaften und leidenschaftlichen Werken der Kunst gewinnen Raum und Zeit eine Gestalt, an die alle Erfüllung in ihrer Sphäre gebunden bleibt. Wie viel Sinn und Bedeutung, Wert und Wahrheit diese Objekte auch enthalten mögen, alles an ihnen zehrt von der Intensität eines Spiels unerschöpflicher Formen. Es gibt hier nichts Gutes, außer es tut es: Die Qualität dieser Art des Schönen ist nicht länger ein Zusatz oder eine Zugabe zu Qualitäten, die auch in anderer Hinsicht wertvoll wären; sie liegt in der Bewegtheit ihrer kontingenten oder artifiziellen Konfigurationen allein.

Eine letzte Steigerung erfährt die Gegenwart des Schönen, wenn sie darüber hinaus eine vierte Bedingung erfüllt: wenn etwas zum Ereignis wird, das gar kein *anderes* Gut mehr offenbart als den Wirbel seines Erscheinens – wenn ein geliebter Körper, eine betörende Stadt, ein tosendes Unwetter jetzt so anwesend sind, dass wir von ihrem Dasein und unserem Hiersein einfach nicht lassen wollen. Dann verschmilzt die Differenz von ästhetisch wahrgenommenem Objekt und ästhetisch wahrnehmendem Subjekt in einer ekstatischen Bejahung der Situation dieser Wahrnehmung selbst. Das Rauschen von Natur und Musik lädt uns hierzu ein ums andere Mal ein.

467

Alles, was als solches gut ist, ist auch schön, und alles, was schön ist, ist als solches gut. Schönheit ist das Einzige, was zählt. Nur ist dieses Einzige gerade kein Einziges, sondern existiert in Myriaden von Formen. Nur ist dieses Schöne nie bloß etwas Schönes, sondern immer ein Dasein oder Erscheinen des Guten.

468

Für eine »schöne Geste« sind weder Anmut noch Grazie erforderlich; manchmal tut es auch eine Banküberweisung. Die Steigerungsformen des Schönen sind keine des sonstigen Guten. Das Schönere ist darin besser, dass es schöner ist, nicht darin, dass es auch in anderen Hinsichten besser wäre. (Es gibt Steigerungsformen der Arten des Guten, aber keine, und schon gar keinen Superlativ, des Guten selbst; von unüberbietbarer Qualität ist höchstens das Böse.)

469

Das radikal Schöne zumal der Kunst ist oft für ein Feind des sittlich Guten gehalten worden, nur weil es sich gelegentlich indifferent zu ihm verhält. In dieser Indifferenz aber liegt keine Gegnerschaft, was freilich manche unter den Feinden der Kunst besonders in Rage versetzt (sie fühlen sich von ihr nicht einmal ignoriert). Immoralistische Kunst, die diesen Namen – den der Kunst – wirklich verdient, ist niemals amoralisch. Gäbe es sie nicht, müsste sie erfunden wer-

den, um einer Blindheit gegenüber den Abgründen des Menschlichen entgegenzuwirken.
Dennoch gibt es eine Opposition zwischen dem Schönen und Guten. Denn jenes enthält eine Absage an alles bloß instrumentell Brauchbare: an alles, was nur für etwas anderes gut ist, anstatt – auch oder allein – um seines und unseres Daseins willen da zu sein. Die Vielfalt des Schönen ist eine unaufhörliche Werbung für die Vielfalt dieser Arten des Guten. Der vierfache Sinn des Schönen hat eine schlichte Moral: es mit der Suche nach höherem Sinn und Zweck immer mal wieder gut sein zu lassen.

470

Aber wenn sich einer als Zeichen eines vermeintlichen Triumphes bei dem Anblick eines Bergs von Leichen berauscht? Und sich hierin zu einer gesteigerten Gegenwart herausgehoben fühlt? Dann wird *er* dies als einen Gipfel des Guten erleben, wie grausam es auch sei. Dass die *Erfahrung* des Schönen von der eines Guten nicht zu trennen ist, heißt jedoch nicht, dass das hierbei als schön und gut *Erfahrene* tatsächlich das eine oder andere sein müsste. Es kann weder das eine noch das andere sein. Das Scheinen des Schönen kann mehr noch als jeder andere Anschein blenden, aber diese Blendung ist nicht das Schöne. Was bejaht wird, ist nicht darum schon bejahenswert – weder im Fall des Schönen noch sonst eines Guten.

471

Der Sinn für das Schöne schließt einen für das Schreckliche ein. Nicht weil das Schreckliche schön wäre, denn das ist es ja gerade nicht. (So erscheint es nur denen, die ohnehin verblendet sind.) Sondern: Indem wir beim Schrecklichen verweilen, verweilen wir bei unserem Blick auf es – bei einer Kraft der Wahrnehmung, die an allem, auch dem Schrecklichsten, ihr Vermögen zu steigern, einer Kraft, die im Unscheinbarsten das Ergreifende und im Glänzendsten das Trostlose aufzuspüren vermag. Im Namen des Schönen ist der Sinn für das Schöne nicht auf das Schöne fixiert. Er kann seine Hingabe an das Besondere selbst dort noch aufrechterhalten, wo der Schock eines Erscheinenden außer der puren Ausübung äußerster Wachheit überhaupt nichts Gutes verheißt. In diesem Grenzfall entfällt aller Genuss der Gegenwart eines schönen *Objekts*, nicht aber derjenige der Erschütterbarkeit des wahrnehmenden *Subjekts.* Der Sinn für das Schöne macht vor nichts und niemandem halt. Er ist grausam darin, dass er auch vor der Wahrnehmung der Grausamkeit nicht zurückweicht. *So* schreckt er vor ihr zurück – indem er sehenden Auges die Verklärung verweigert; *so* hält er ihr stand – indem er zu einer Wahrnehmung des Schrecklichen steht, die nicht den Schritt zu seiner Bejahung vollzieht. Er lässt sich von vielem betören und verstören, aber er lässt sich weder weismachen, dass es zum ästhetischen Schrecken das Schreckliche braucht, noch dass die Lust an der *Darstellung* des Schrecklichen in der Gefahrenzone der Kunst eine Lust an seinem *Dasein* wäre.

472

Im Sinn für das Schöne kulminiert und kollabiert der für die Realität.

473

Der Gegensatz zwischen dem Schönen und dem Erhabenen ist künstlich. Die Welt in anschaulicher Proportion *oder* in anschaulicher Disproportion zu den eigenen Möglichkeiten zu erfahren – nicht das ist das Fesselnde, sondern im Stimmigen auf das Unstimmige und im Unstimmigen auf das Stimmige zu hören. Je nach Tonmischung mag man den Anlass hierzu eher »schön« oder eher »erhaben« oder mit einem anderen der ästhetischen Prädikate benennen. Aber das eine wie das andere bleibt spannungslos ohne die Ingredienz des jeweils anderen. Schönheit, die besänftigt, ohne zu irritieren, ist keine; Erhabenes, das erschüttert, ohne zu befreien, kann nicht erheben. Das Land des Ästhetischen kennt keine Grenzen. Eben das ist das Ästhetische: dem Vermögen unserer Anschauung keine Grenzen zu ziehen.

474

Eine Ästhetik des Hässlichen, die diesem einen Eigenwert zusprechen könnte, kann es nicht geben. Wenn wir Dingen, die wir üblicherweise mit gutem Grund als hässlich verbuchen, eine hiervon freigestellte Aufmerksamkeit schenken, erweisen auch sie sich als anziehend, nicht weil sie hässlich, sondern weil sie auf ihre Weise einzigartig und darin bemerkenswert sind. – Dass Kunstwerke hässliche, ekelhafte, abstoßende oder grausame Dinge zeigen, hat mit einer ihnen selbst anhaftenden Hässlichkeit rein gar nichts zu tun. Wenn es denn Kunst ist, mit der sie zeigen, was immer sie zeigen, sind sie, ja was denn sonst: schön (oder welches aussagekräftigere Stellvertreterwort hier angemessen erscheint).

475

Eine Gesellschaft nach den Gesetzen der Schönheit zu errichten, wie einige es sich wenigstens im Irrealis dachten, wäre töricht, da es Gesetze der Schönheit nicht gibt. Was allgemein, was durchschnittlich, was mit statistischer Wahrscheinlichkeit gefällt, ist niemals das, woran einige oder alle *Einzelnen* einen Gefallen finden. Erst die Abweichung von der Norm weckt ihr Verlangen.

476

Alles Bemühen um Wahrheit, in welcher Deutung und Bedeutung des Wortes auch immer, steht im Dienst einer Bemühung um Wahrheit in einem attributiven Sinn: wahre Freunde, Freuden und Leiden zu erlangen, solche, die uns, wie sehr sie untereinander im Kampf liegen mögen, das Gefühl geben, lebendig zu sein. Nur dieses Wahre führt auf die Spur eines Schönen, in dem sich die des Guten verliert.

477

Es war ein dämmriger Sonntagmorgen, an dem der Anruf kam, von dem alle Eltern wissen, dass er einmal kommt, obwohl ihre Zuversicht abhängt von dem Glauben, er bliebe ihnen erspart. Das Kind war beim Eislaufen gestürzt, unklare Diagnose, schwieriger Transport, ewiges Warten, Narkose, Operation, eine Nacht im notdürftig eingerichteten Zimmer am Ende der Station. Da sonst kein Platz war, versuchte ich auf einem Stuhl Wache zu halten. Die Nachtschwester hatte mir ein Kissen gegeben, das mir helfen sollte, wenigstens dösen zu können. Doch irgendwann nahm die Körperschwere überhand, weswegen ich mich einfach auf den nackten Boden legte, unter dem Kopf das Kissen, und halb schlafend, halb wachend lauschte, ob das Kind auch schliefe. Wenn ich die Schwester kommen hörte, raffte ich mich rasch auf und tat so, als ruhte ich gelassen in mir selbst. Aber ich hätte gar nicht so tun müssen, denn genau so war es. Nicht der leiseste Zweifel überkam mich, ob es sinnvoll war, hier zu verharren. Eine ruhigere Nacht habe ich selten verbracht.

478

Nach unruhigen Tagen und Nächten, umsorgt von ihrer Tochter, war die alte Frau gestorben, bei deren Leichnam ich nun allein in ihrem kleinen Schlafzimmer saß. Von draußen war kein Laut zu hören. Sie lag ein wenig stiller noch als sonst, wenn ich ihr beim Schlafen zusah. Aber als Person war sie mir gegenwärtig wie immer, vielleicht gegenwärtiger noch, weil ich bei ihr sein und sie betrachten konnte, ohne dass sie es merkte, und doch die Scheu noch da war, die dagewesen war, so lange sie es noch hätte merken können.

479

Hier bin ich richtig. In Augenblicken der Trauer oder Sorge, dort, wo sie uns wirklich ergreifen, fällt alles andere Wichtige ab. An unserem Glück können wir zweifeln, an unseren Verlusten nicht. Zuvorkommend unterstützt uns die Erschöpfung dabei, wenigstens in der Inständigkeit des Mitleidens so etwas wie einen Sinn für die Schöpfung zu gewinnen.

480

Die Brille meiner Mutter ist schon lange verschwunden. Es hätte keinen Sinn, ihr eine neue zu besorgen, da sie so ein Gestell nicht mehr an sich dulden würde. Früher hatte sie minus fünf Dioptrien wie ich selbst, was ich oft vergesse, wenn ich mit ihr unterwegs bin und ihr die Welt schmackhaft zu machen versuche. Zwar sieht sie nur, was ich sähe, wenn ich mich auf meine unbewaffneten Augen verlassen müsste, aber auch das wäre noch genug, um sich an den Launen der Natur zu laben. – Die Brille meines Vaters ist jedes Mal, wenn ich komme, mit einer Schmutzschicht überzogen, weswegen es zu einem unserer Rituale geworden ist, dass ich ihm die Brille abnehme, sie reinige und ihm anschließend wieder auf die Nase schiebe. Seinen Kleinen bringt man bei, nach links und rechts zu sehen, wenn sie über die Straße gehen, seinen Alten, überhaupt zu sehen, bevor sie über das Ufer müssen.

481

Ich saß auf einer Düne in der Sonne und sah meinem Sohn beim Schwimmen im Atlantik zu, einen Moment lang überwältigt von dem Dialog zwischen Land und Meer. Dabei verlor ich das Kind aus den Augen, plötzlich starr vor Schreck in dem Glauben, die Wellen hätten es davongetragen, bis ich es nah am Strand auftauchen sah und das Helle wieder hell wurde. Vieles verlieren wir, weil wir uns verlieren, aber wäre es nicht so, hätten wir nichts, um das wir bangen dürften.

482

»Da!, da!«, sagt das Kind bei seinem Eintritt in die Sprache. Sofort benutzt es diese dazu, aus allem beinahe alles herauszugreifen und es mit zugleich auffordernder und behauptender Geste für beachtenswert zu erklären. Mit seiner ersten geistigen Handlung verschafft es sich einen Zugang zum Sein – noch nicht seiner selbst, aber all dessen, was in seiner Reichweite ist. Dieser Sinn für das Dasein – freilich: auch des eigenen, vom Zittern der Gegenwart erfassten – ist schon der ganze Sinn des Daseins.

483

Ihr erster Gedanke beim Aufwachen, sagte meine Großmutter, die als alte Frau noch lange allein in ihrer Berliner Wohnung lebte, sei häufig: »Du bist ja immer noch da.« Wer nur noch die eigene Gegenwart fühlt, fühlt auch diese nicht mehr. Wer seine Umgebung hingegen mit Gegenständen anfüllt, die einen Hauch von Gegenwart teuer bereitstellen sollen, sperrt sich aus deren Schwankungen aus, in denen der ganze Luxus liegt.

484

Eine junge Frau in leichtem Sommerkleid hat die Sonnenbrille auf die langen blonden Haare geschoben, en passant will sie diese abnehmen, als sie durch die Glastür einer Schalterhalle tritt, bleibt das Gestell in ihren Haaren hängen. Heruntergezogen vom Schmerz oder seiner Drohung beugt sie den Kopf bis auf die Knie. Zwischen Tür und Angel gebannt, ist sie eine Figur in nicht-klassischer Pose, die alle Glieder in einer Spannung hält, bis der Faden sich löst und die natürliche Bewegung diese wie alle Formen zerstört.

485

Bei der Taxifahrt zum Flughafen von Hué streift der Blick vorbei an den Häuserzeilen der entlang der Straße aufgereihten Stadt, er fällt ins Innere einer Art Garage mit offenem Tor, auf einer Liege stützt sich eine junge Frau in Schräglage mit ihren Ellbogen ab, das rechte Bein angewinkelt, das linke, bis zum Oberschenkel nackte Bein ausgestreckt, einem zweiten Mädchen entgegen, das dritte sitzt im Hintergrund auf einem Schemel. Zwei Sekunden, die einen drei Filme imaginieren lassen, in denen dies eine Schlüsselszene wäre.

486

Die beiden vietnamesischen Mönche, die die buddhistische Hochschule leiten, sind kräftige, durchtrainierte Gestalten mit einer Aura ernster Vitalität. Nebenrollen in Mafiafilmen wären mit ihnen blendend besetzt. Ein einziges Mal lassen sie sich von einem Lachen durchschütteln und schalten ohne Übergang synchron auf Undurchdringlichkeit zurück. Der Welt nicht anzuhaften, wie es ihre Lehre gebietet, verlangt eine Konzentration auf sich selbst, die von Egozentrik kaum zu unterscheiden ist.

487

Ob Pate oder Guru, beide leben nur in ihrer Sphäre und bleiben daher blind für die Welt.

488

Jeder Nicker sucht sich einen Nicker – einen, der auch nicht anders kann, als nickend jede Behauptung zu bestätigen, auf die er selber gerne gekommen wäre, und der es darum schade fände, wenn keiner der Anwesenden dies mitbekäme. Schnell bilden sich Nickgemeinschaften, deren Angehörige einander durch *head-banging* fortwährend bestätigen, dass sie sich bestätigt fühlen. Kein Wunder, dass sich postwendend Schüttelclubs bilden, deren Mitglieder einander und dem Rest der Welt versichern, dies alles sei nicht zu fassen.

489

Manche müssen im Zug immer gleich Nestbau betreiben. Die Trinkflasche ist ohnehin dabei, ein Säckchen Mohrrüben hier, eines mit Saitenwürstchen dort (Trennkost?), mit den Unterlagen wird ein Laptop und mit diesem ein Mousepad ausgepackt, dazu ein Mäppchen, für das es keine Verwendung gibt, ein Sitz- und ein Lehnkissen, das Tablettendöschen nicht zu vergessen. *Omnia mea mecum porto* – so war das aber nicht gemeint. Ungläubig sitzt man dabei und möchte, wäre die Konversationsgefahr nicht gar so drohend, sagen: Auch vor deinen Richter wirst du nicht mit all deinen Accessoires treten können.

490

Einen kannte ich, der versuchte, ein »Genussraucher« zu sein, wie es damals hieß; es galt, Gelüst mit Askese zu verbinden. (»Such nicht den Sinn, such den Geschmack«, rief es unterdessen von den Plakatflächen in der U-Bahn.) Also rauchte jener, wie er glaubte, sparsam, hatte aber andererseits Sorge, dass seine Filterlosen austrocknen könnten. Daher hatte er die Gauloises-Packung, die er lässig aus der Tasche seines Trenchcoats holte, in Frischhaltefolie verpackt, die er jedes Mal ablösen musste, wenn er zu einem Glimmstängel griff. Manche wickeln sich selber in einen Schutzumschlag ein.

491

Ich stand, es muss 1957 gewesen sein, mit Frau Kreuzwieser, die manchmal nach uns sah (ihr Mann war bei einem Unfall in der BASF ums Leben gekommen), in der meiner Erinnerung nach riesigen Diele unserer Wohnung am Schwanthaler Platz. Ich blickte nach oben, zu dem mit Gas gefüllten Luftballon, den ich losgelassen hatte und der jetzt an der Decke schwebte. Ich könnte nicht sagen, welche Farbe er hatte, denn dieser Eindruck ist nur in dem brauntönigen Schwarzweiß der Fotos erhalten, die es aus dieser Zeit gibt, obwohl es hiervon nie eines gab. Nicht einmal eine klare Imagination ist mir von der Szene geblieben, nur ein diffuses inneres Bild, das ich sorgsam bewahre, weil es das erste ist, das ich habe – der Blick auf ein entferntes Objekt, das ich schauend zu fassen begehre, obwohl es sich meinem Fassen entzieht.

492

An der Straße, in der wir in meiner Jugend eine Zeit lang wohnten, nur zwei Grundstücke von unserem entfernt, befand sich ein Eckhaus, dessen großer, von einem niedrigen Jägerzaun umfasster Garten im Lauf der Jahre mehr und mehr von Unkraut überwuchert wurde. Doch es war bewohnt, von einem Versicherungsangestellten mit schwerfälligem Gang. Die heruntergezogenen Rollläden riefen die Neugier der Passanten wach und wiesen sie ab. Hinter dem geriffelten Glas der Eingangstür stand, wenn der Bewohner zu Hause war, stets die Tür der Gästetoilette offen, damit ja kein Blick eindringen konnte. Vom Genre der Installation war damals noch nicht die Rede, aber dies war eine: ein inmitten der Wohngegend errichtetes Mahnmal einer Freiheit, die ihre Erfüllung allein in der Abschottung fand.

493

Zum Schlimmsten an der Einsamkeit gehört, dass der Einsame den anderen und sich selbst gegenüber so tun muss, als habe er alles im Griff und sei mit sich im Reinen. Wer die Kraft zu diesem Manöver nicht länger aufbringt, aber dennoch weitermachen will, findet eine Lösung in der Steigerung seines Leidens, die aber wenigstens keine Verstellung mehr nötig macht. Sollen doch alle sehen, wie es um ihn steht: In dieser Öffnung, der einzigen, die ihm noch möglich ist, findet er eine letzte Linderung, gepaart mit dem Hochmut, das ganze Getue nicht mehr mitmachen zu müssen.

494

Zu der Zeit, in der es noch Tonbandgeräte und eigentlich keinen Grund zum Aufstehen gab, schaltete ich spätmorgens, um mir den letzten Schlaf zu versüßen und doch den Tag nicht ganz zu verlieren, in meiner von Asseln und Spinnen rege frequentierten Kammer mit Vorliebe meine Bluesvorräte an. Oft endete das damit, dass ich irgendwann vom Flappen des leerlaufenden Bandes geweckt wurde, nicht wissend, wie lange schon die Spulen nur noch ihr Eigengeräusch unterhielten. Auch wenn ich das meiste verschlief – die Stimme, die für zwei Stunden im Raum war, hat sich meiner Seele eingebrannt wie der Laserstrahl in das gleißende Silber einer CD. Wenn ich alles vergessen haben werde, wird ihr rauhes Wunder mich noch immer begleiten. Was mag in ihm vorgehen, werden sich meine Lieben oder Pfleger fragen, was nimmt er wahr? Ich kann es ihnen heute schon sagen: Das Letzte, was ich gehört haben werde, werden die Songs der göttlichen Bessie Smith sein, und, hätte ich denn die Wahl, als allerletzter ihr *Easy Come, Easy Go Blues.*

495

Nachdem ich selbst lange am Steuer gesessen hatte, legte ich mich auf die Rückbank des kleinen Wagens, mit dem wir in den Süden fuhren, und schlief zur Musik des Schimpfens der Fahrerin ein, mit der sie sich in artifizieller Erregung über rüde Lenkerinnen und Lenker wachhielt. Ein Hauch von Gefahr, vermischt mit dem Fatalismus der Liebe, macht die Hingabe erst zum Geschenk.

496

Mir zu Gefallen hattest du mir einen Vogel gebracht, er war stumm, er war schwarz, er war mit kleinen weißen Vögeln gemustert, die Laute, die er gab, gab der silberne Käfig, in dem der Vogel durch die Stille des Zimmers hüpfte, fliegen konnte er nicht, was er sah, wenn er uns sah, wussten wir nicht, wie wir nicht wussten, worauf wir hörten, wenn wir uns sahen.

497

In einem Raum aus Schatten und Schemen bleibt am Bett des Kindes, das einschlafen soll, eine nicht sichtbare Stelle sichtbar, ein Dunkles im Dunkeln, über das langsam die Lider fallen, um sich erneut zu heben, bis es hell wird an dem Punkt des Dunklen, und eine kurze Nacht uns trennt.

498

Es ist die Aufmerksamkeit, die aller Aufmerksamkeit wert ist, weswegen alles Machen – auch das von Theorien – im Dienst des Bemerkens steht.

499

Eine der üblichen Konferenzen endete spät in der Nacht auf dem Athener Fischmarkt, todmüde saß ich bei einer Suppe undefinierbarer Zusammensetzung in einer Runde von Leuten ebensolcher Komposition, verstrickt in Gespräche auf allerlei Arten des Englischen, von denen ich nicht das Mindeste verstand. Ich hätte längst in meinem Hotel sein können, in dem man immerhin einen Ausblick auf die erleuchtete Akropolis hatte, wenn man den Kopf durch die Luke im Badezimmer zwängte. Aber ich blieb, einfach des Bleibens wegen, das einen größeren Abstand von allem bietet als alle Flucht nach vorn.

500

In einigen Weltgegenden gibt es Fähren, für die man ein Ticket lösen kann, das den Passagieren bis zum Verlassen des Schiffs beliebig viele Hin- und Herfahrten erlaubt, vermutlich um ihnen die Gelegenheit zu geben, in der Kantine etwas mehr Geld zu lassen. Manche nutzen das, um allein oder in Gesellschaft stunden- oder tagelang im Strom des Vergehens zu verweilen. So ein Ticket ist auch die Philosophie. Sie lässt uns für geringe Kosten bleiben, wo wir sind, aber in einer Bewegung, die uns dahin mitnimmt, wohin wir früher oder später zurückkehren müssen.

501

Kleine Kinder, die zum Einkaufen mitgeschleppt werden, vergnügen sich gern damit, die Verkaufsräume mit dem Klang eines bloßen Gesumms und Gelalls zu füllen. Sie möchten hören, wie die Welt auf sie hört, obwohl auch sie schon wissen, dass dies nur selten so ist. Erwachsene, die einen sogenannten Redeberuf erwerben, machen da gegen Bezahlung weiter. Doch ist es gar nicht sicher, wie sehr es sie danach verlangt, sich bei den anderen Gehör zu verschaffen, solange sie *sich* hören dürfen, wie sie für eine Weile in einem eingebildeten Mittelpunkt stehen.

502

»Du musst ja auch etwas Exzeptionelles an dir haben«, sagte ich in jugendlicher Verblendung zu einem Mädchen, an dessen Haut ich eine Narbe entdeckte, als wir uns erkundeten. Sie zuckte zurück, das Spiel war vorbei, auch wenn es mir mit vielen Worten gelang, einen relativen Frieden zu beschwören. Das Gift meiner Arroganz aber war mir in die Glieder gefahren, wo es seither wirkt. Auch wenn ich es mit noch so vielen Worten abzubauen versuche, bleibt das Gefühl, als redete ich mich mit allem, womit ich mich herausrede, immer weiter hinein.

503

Auch während ihres Redens sind Sprechende Hörende. Sobald ich merke, dass ich zu stocken und stottern, zu schwätzen und schwadronieren beginne, weiß ich schon, dass ich auch anders kann. Es sind die Irrtümer, die den Weg weisen, es ist das Versagen, das dem Sagen die Richtung gibt. In den Fehlern liegt die Tugend; wer keine macht, wird nie etwas richtig machen.

504

Das Publikum, ob es aus einer oder vielen besteht, bei der Angel zu haben, mehr bleibt einem nicht zu wünschen. Man muss die Angesprochenen gar nicht herumkriegen wollen, zur eigenen Meinung oder ins eigene Bett, es reicht schon, das Funkeln in ihren Augen zu bemerken oder die Stille, mit der sie auf die leisesten Laute hören. Dann ist etwas möglich zwischen uns, was immer es sei.

505

Die Austräger von Werbebroschüren, die einem immer gleich drei oder fünf Exemplare in den Briefkasten schieben; die Deutsche Bahn, die bei der Ansage von Verspätungen zuverlässig die Differenz von Ankunfts- und Abfahrtszeit unterschlägt; jene Verschwenderinnen, die sich für sparsam halten, weil sie sich etwas Überflüssiges nicht geleistet haben, den hierfür nicht ausgegebenen Betrag aber als Ersparnis verbuchen, die sie nun ruhigen Herzens ausgeben können – über dergleichen Schummeleien sollten die nicht hartherzig richten, die es in ihren

Lektüren auch nicht anders halten, wenn sie jedes Buch nur so weit lesen, bis es ihnen Zündstoff für die eigenen gibt.

506

Der Philosoph ist der Feind des Textes – er nimmt sich ihm gegenüber alles heraus.

507

Wer – worüber oder von wem auch immer – »alles gelesen« hat, hat des Guten zu viel getan. Wie froh ich bin, diesen Text erst heute gelesen zu haben, an dem er mir das gesagt hat, was er mir noch gestern nicht hätte sagen können. Wer ans Lesen glaubt, solle mit der Lektüre geizen.

508

»Das Spiel dauert 90 Minuten« – der Tag der Schreibenden auch. So lange haben sie Zeit, wirklich weiterzukommen; wenn sie Glück haben, gibt es eine Nachspielzeit oder mal eine Verlängerung. Sie mögen ihre restlichen wachen Perioden mit Arbeit genannten Zerstreuungen füllen, so viel sie wollen: Diese dienen zu nichts anderem als dem Einbau des Zeitfensters für morgen, nach dem sie schon heute voller Unruhe Ausschau halten.

509

Die aus dem Krieg heimkehren, sind nie mehr ganz bei sich zu Hause. Die von der Theorie zurückkommen, bleiben immer mit einem Ohr an der Front.

510

»I'll be back«, wie Arnold Schwarzenegger in der Rolle des bösen wie des guten Terminators sprichwörtlich sagt, ist ein Leitspruch auch des Philosophierens. Ich komme zurück zu den Sätzen, mit denen ich begonnen habe, in der Hoffnung, dass sie im Licht der späteren nicht mehr so dastehen, wie ich sie zurückgelassen habe (und ich nicht schon wieder alles kurz und klein schlagen muss).

511

Philosophie ist Millimeterarbeit. Kein Raum für *Giant Steps*. Millimeter für Millimeter – Wort für Wort, Zeile für Zeile, Satz für Satz, Absatz für Absatz, Text für Text – arbeiten sich die Schreibenden an einen Umsturz ihres Denkens heran, der in nichts anderem als winzigen Verschiebungen besteht. Wer an dieser Art der Unendlichkeit keine Freude hat, möge gröbere Felder bestellen.

512

Ich hatte einmal einen Zahnarzt mit dem schönen Namen Seligmann – in seinem Behandlungszimmer hing ein sehr beruhigendes Foto des Ortsschildes von einem Städtchen fast gleichen Namens an der legendären Route 66 –, der mit Leidenschaft und Präzision (und einer der Situation angemessenen Neigung zu Selbstgesprächen) in meinem Mund laborierte. Eine Zeit lang wurde hinter seiner Praxis ein Mehrfamilienhaus gebaut, und in seinen Monologen gestand er mir, wie sehr ihn dies faszinierte. Während er in den Gebissen seiner Klienten mit feinen Greifern, Klammern, Spiegeln, Spritzen, Bohrern, Saugern und winzigen Füllungen zugange war, wurde draußen mit riesigen Geräten gebaggert, mit Pressluft gehämmert, Unmengen Beton wurden vergossen, der Dachstuhl errichtet, dicke Kabel verlegt, es wurde geschimpft und geschrien, bis etwas fertig war, das jeder sehen und begehen konnte – dies alles vor den mit Lamellenrollos abgeschatteten Fenstern eines skrupulösen Hand- und Mundwerkers, dessen ganzer Stolz es sein musste, teure Reparaturen zu leisten, von denen am Ende nur zu spüren war, dass nichts mehr zu spüren war.

513

Ohne Führerschein fuhr ich den klapprigen hellblauen Eicher-Traktor (der formidable Benz hatte den Mähdrescher im Schlepptau) leichten Herzens die steil abfallende Hohe Straße hinab, der Anhänger war randvoll mit dem frisch geernteten Getreide, als sich vor dem Bahnübergang die Schranken senkten. Der Druck auf die altgedienten Bremsen zeigte keinerlei Wirkung. Mit aller Kraft drückte ich mich gegen den Sitz, nahm die Handbremse zu Hilfe, riss auch die des Wagens hoch, worauf das Gespann mit Ach und Krach zum Stehen kam. Im Zittern vor Erleichterung spürte ich eine nie gekannte Enttäuschung. Wäre nicht mein Stolz gewesen, der es nicht zulassen konnte, die Fracht meines Onkels in den Sand zu setzen, welche Verlockung wäre es gewesen, allen Widerstand aufzugeben. Einmal nicht den eigenen, von der Kraft der Welt beflügelten Schwung abzubremsen, einmal Anstand und Umsicht fahrenzulassen, mit voller Wucht durch die Schranken zu krachen – ein Abglanz dieser Lust liegt noch in der Willkür des Schreibens.

514

Ende August, das nach der Getreideernte auf den Feldern liegende Stroh war getrocknet, wurde der Miststreuer – den ich ohnehin liebte, weil ich ihn in jungen Jahren einmal türkisfarben angestrichen hatte – so umgerüstet, dass er große Mengen des zuvor gehäckselten Strohs draußen aufnehmen und auf dem Boden der Scheune abladen konnte. Dort stand ein lärmendes Gebläse, mit dem die Fracht durch ein System von Rohren auf den Speicher transportiert wurde. Dafür musste der riesige Strohhaufen Portion für Portion mit einer Heugabel in den von der Turbine erzeugten Sog geschoben werden, was in dem Krach jedes Mal für ein klirrendes Knistern sorgte. Das war mein Pensum. Sechs bis acht Fuhren am Tag, verbunden mit dem Ehrgeiz, nicht nur bis zur nächsten Lieferung fertig zu sein, sondern wenigstens fünf Minuten Pause herauszuholen, in denen ich, bei abgeschalteter Maschine, im Gebrumm nur der Straße und der Tiere, allein oder in Gesellschaft auf der Bank im Hof sitzen konnte. Der Blick von dort führte direkt in die nun leere, von Staub durchflirrte Scheune, in der das Spektakel gleich wieder losgehen würde.

515

Warum schreiben die Schreibenden? In der Hoffnung auf Glück, Glanz, Ruhm? Gewiss. Doch das versendet sich, falls es überhaupt dazu kommt. Sie schreiben nicht, um geschrieben zu haben, sondern um schreiben zu können. Ihr Pensum soll sich nicht erfüllen. Sie wollen nie zum Ende, sondern immer zum Anfang kommen; hier, in dieser Schwebe sind sie zu Hause. Wie andere Abenteurer wollen sie sich in unbekanntem Gelände bewegen, mit dem Unterschied, dass das, in dem sie unterwegs sind, eines ist, das sich und das sie bewegt, indem *sie* es bewegen.

516

Dass es mit einem Text zu Ende geht, merkt man daran, dass aus allen seinen Fugen die Triebe des nächsten zu sprossen beginnen. Guten Gewissens kann man sich von einem Manuskript nur trennen, wenn es einem zu missfallen beginnt.

517

Sicheren Schritts auf dem schmalen Grat zwischen Wissenschaft und Kunst zu wandeln – geschenkt; schwungvoll über das Seil zu tanzen, den Stab locker über den Schultern – vergiss es; mit freiem Blick da oben zu flanieren – nicht der Rede wert. Sich auf dem Seil zu lümmeln, als wäre es der rauhe Boden, das wäre die Kunst.

Ich danke meinen Erstlesern Thomas Assheuer, Stefan Deines, Petra Eggers, Hans-Ulrich Gumbrecht, Angela Keppler, Jasper Liptow, Frederike Popp, Ben Seel, Thorsten Sindermann und Achim Vesper von Herzen für Zuspruch und Verdammnis – sowie Alexander Roesler für seine Bereitschaft, so ein Buch im wissenschaftlichen Programm des Verlags erscheinen zu lassen.